知的生きかた文庫

男はお金が9割

里中李生

三笠書房

はじめに

「男はお金が九割」

こういわれて、あなたはどう感じるだろうか。

「男はお金ではない、人柄だ」

「男は精神力だ」

という人がいるかもしれない。

否定はしない。

が、最も大事なのは、お金。お金こそ最重要といえる。


私はこれまで、殺意を覚えるほどの屈辱を幾度となく味わってきた。

そう、お金がなくて。

女性にお金持ちと比べられて嗤《わら》われた。

知人が病気になったときに、少ししかお金を渡せなかった。

いま思えば、ありえない話だ。情けなくてしょうがない。

若いとき、お金がなくて国民年金の分割納付をお願いしに行ったが、市役所の職員に「人間のクズ。社会人失格」と、罵倒されたことがある。

このくやしさがわかるだろうか。

私は、作家になってから、億をゆうに超えるお金を稼いだ。そのほとんどは税金に取られたがね（笑）。

だが、生計を立てられるようになるまでは、本当に辛かった。先述のように屈辱を味わったこともあるし、借金を抱え、自暴自棄になったこともある。お金を持っている隣人から喧嘩を売られ、「お前は貧乏だ」と嗤われたこともある。

だからこそ、同じように苦労している人が間違った考え方を持って行動しているのを見ると、余計なおせっかいをしてしまうのだ。

「そのままでは、いつまでも貧乏だよ」

と。

お金持ちになったら何もかもがうまくいき、楽しくてしかたないというわけではない。大金を持つと、今度は「税金」という国家権力との戦いがあり、お金持ちでも深刻に悩んでいる。

だが、貧乏な人は、その戦いの土俵に立つことすらできない。そして下品なお金持ちから軽蔑されるのだ。

その屈辱は、筆舌につくし難い。

年収が少ないあなたも、きっとどこかで誰かに軽蔑されたり、同僚のほうが高い給料をもらっていてくやしい思いをしたりした経験があるはずだ。

そこで、苛立ったり、やる気をなくしたりする男と、歯を食いしばって、「負けない。絶対に見返す」と頑張る男との差を本書では考察していきたいと思っている。そして、お金を得る方法も。

あなたは普段、世の中に起きる出来事や矛盾を知ること、新しい発見をすることを意識しているだろうか。

あなたは何も気づいていないのではないか。

それは洞察力がないのである。

洞察力を養えば、世の中の矛盾が発見できて、それを人生に活かせる。じっと世の中を観察していたら、お金を得るチャンスも見つけることができるものだ。

あなたは回遊魚のように、毎日同じ仕事、同じことを繰り返しているだけで、周囲を観察していないのではないか。

何も考えないで、何も観察しないで、成功するはずがない。

逆にいうと、あなたが観察されてしまっている。優秀な同僚に。

「あいつはなんてバカなんだ。学歴は高いのに」と。

それは屈辱だ。

だから、あなたも観察し返せばいいのだ。

「あいつは高卒なのに、なぜ仕事ができるのか。学歴は関係ないとしたら、なぜ頭がいいのだろうか。どんな本を読んでいるのだろうか」

と。

それを知ればいい。彼が何を考え、どんな行動をしているのか。

あなたは街に出て、世の中をよく観察しないといけない。家の中で、「あっという間にお金持ちになる本」を読んでいても、お金は入ってこない。

あなたには、必ず貧乏から脱出してほしい。

そう願って、この本では甘いことは一切いわない。

里中李生

目次

2章 年収三〇〇万円からお金持ちになる方法

3章

女はこの魅力がある男に近づきたがる

4章 こんな貧乏な人間になってはいけない

本文DTP／株式会社Ｓｕｎ　Ｆｕｅｒｚａ

1章

お金を持つと、男は劇的に変わる

お金持ちは、みな「自分に必要な年収」を知っている

「ストレスのない生活」がわかれば、年収は上げられる

お金持ちの定義とは、その人がどんな高級なモノを持っているか、ということではないし、貯金がいくらか、ということでもない。

たとえ、金融資産を一〇億円持っていたとしても、それを銀行かどこかにしまったままケチな生活をしていたら、その人はお金持ちではない。財布にお金が入っていなくて、カードも使わないなら、一文無しである。

「フェラーリやポルシェの９１１に乗っていればお金持ちだ。おまえはＢＭＷ。お金持ちじゃない」

私がＢＭＷに乗っていた頃、よく来ていた「苦情」である。

たしかに年収三〇〇〇万円でも、孫正義に比べたら貧乏ともいえる。私に苦情をいってくる男たちは、それをいいたいのでしょう？

しかし、収入がほとんどない女の子から見たら、私はお金持ちに見える。実際、ブルガリの財布を現金で買うと、「お金持ちは違うな」と二二歳の女の子にいわれたことがある。お金持ちの定義は相手によって変わるということだ。

ストレスのない生活ができること。

これがお金持ちの定義だ。相手によっても変わらないお金持ちの定義があるとしたら、これしかない。

あなたにとって「ストレスのない生活が何なのか」で、年収をどこまで上げればいいのかは変わってくるのである。

わかるだろうか。

とても簡単な理論だ。

先にいうと、私はフェラーリに興味がないから、フェラーリを買うお金がなくてもストレスにはならない。だから、私にとって、フェラーリの有無は、お金持ちであるかどうかの基準にはならない。

銀座で豪遊したいなら、年収二〇〇〇万円では足りない。どうしても銀座のクラブの女性と付き合いたくて、それが夢なら、その年収ではストレスになる。だから、その人にとっては「年収二〇〇〇万円では貧乏」である。

しかし、女遊びはガールズバーで十分で、車はフォルクスワーゲンのゴルフでよくて、中国産の食品を買わないで済むくらいの生活でストレスを感じない人なら、二〇〇〇万円もあれば十分であり、その人はお金に余裕のある生活ができて、自分でも、「俺はお金持ちだな」と思うことができる。

身体にいい食事を心がけていて、それを人生の楽しみにもしている人が、

「国産の鰻《うなぎ》を食べたい」

と思ったときに、なんのためらいもなく、二〇〇〇円の鰻をデパ地下で買えるならお金持ちで、「鰻を食べたいけど中国産しか売っていないし、買えない。中国産は怖くて食べられない」とストレスに苛《さいな》まれる人は貧乏なのである。

あなたの欲望と夢に必要なお金はいくらか？

私の場合、自分はまだまだ貧乏だと思っている。私の夢は、一年を通して妻か美女とデートを続け、五〇〇万円くらいの新車に四年ごとに乗り換え、南の島で長期休暇を取ることだが、この三つをすべてこなす余裕はない。

だから、年収が三〇〇〇万円だったとしてもストレスになるだろう。しかし、私が突然EDになって女の子が人形にしか見えなくなり、一〇年乗りたい名車に巡り合って、たまに沖縄かバリに行くくらいでよくなったら、年収三〇〇〇万円で余裕になる。

すると、私はお金持ちと勝手に思っていいのである。

あなたの欲望と夢に必要なお金は、年収にするといくらになるのか。

それがポイントであり、本書はそれを念頭に置きながら読んでほしい。

貧乏な人は「頂点の満足感」を知らない

宝くじに当たるとわかる〝男の器〟

私は最近、宝くじの「ロト」に凝っている。

愛猫の命日を組み合わせた番号をせっせと買っている。「それでは絶対に当たりませんよ」という買い方だが、変える気はない。亡くなった愛猫を忘れないように、だ。

各種宝くじで高額当選を果たした人は、ほとんどが堕落するといわれている。後年、自殺をする人もいるらしい。

しかし、それは庶民が数億円を当てたときの話だ。

お金持ちもその財力にまかせてロトを当てているかもしれないが、お金持ちは数億円当てても変わらない生活をするはずだ。

女が五人いる男に、また女が一人増えたところで、新しいその女がとんでもない悪女でない限り失敗しないのと同じ理屈だ。

資産数億円の男に、また数億円のお金がポンと入ってきても生活が一変するなんてことはないが、年収数百万円の庶民に数億円が急に入ってきたら生活は一変する。

人は未経験のことで、相談相手がいないとほぼ失敗をするものだ。いや、相談相手がいても話を聞かないかもしれない。もともと、男は人の話を聞かない。『話を聞かない男　地図が読めない女』（主婦の友社）という名著がある。

私はロトで数億円当てても、堕落しない自信がある。

それは一度、お金持ちになったことがある「経験者」だからだ。

ロトで一億円を当てても、未知の世界に突入するわけではない。

人は一度、「頂点」を経験すると、「意外と中の上くらいが楽しいな。穏やかだな」と思うことがある。少なくとも、私はそう感じた。

たとえば、メルセデスベンツのＡＭＧを買ったら乗り心地が硬すぎて、ＡＭＧをやめてノーマルタイプにした、という人は多い。オプションなどを付けると、ノーマルタイプとの差額はゆうに一〇〇〇万円になる。一〇〇〇万円安いほうに乗り換えたというわけだ。それはかなり「控えた」ともいえる。

成功者がマクドナルドを食べているのをテレビで見た人から、「成功したければマックを食べるなという里中は責任を取れ」と抗議が来る。しかし、それは成功者が、「たまには庶民的なものが食べたい」と思う欲求に過ぎない。または〝ステマ〟だが、そのことについては後述する。

欲求とは、何も高価、高額、高級なモノばかりを欲することではない。「田舎で自給自足の生活をしたい」というのも欲求なのだ。都会に疲れたお金持ちが田舎でひっそりと暮らしたいというのも欲求だ。

それらの不思議な感覚は、短時間では生まれない。時間をかけて散財し、いろんなジャンルの頂点や高級を知ってはじめて得られる感覚なのである。

苦労したお金持ちのほとんどは、一回、二回、三回とお金持ちになっている。途中で失敗をして、また這い上がるのである。もともと、仕事で成功した人間は、またやり直す才能がある。

なぜ、〝お金が消えてしまう〟のか？

ところが、宝くじに当選した貧乏な庶民には仕事の才能がない。

無論、もう一回、宝くじを当てるのも無理だ。

だから、一発の頂点を経験して、「それが意外とつまらない。中の上くらいでいいじゃないか」と思うようになった頃には、もうお金がないのである。

それどころかお金が残っているうちは、「ベンツのAMGは乗り心地が硬かった。BMWのMにしてみよう。いや、ポルシェがいいか」となってしまう。

「成り上がり」といわれる一代でお金持ちになった人たちは、それで失墜してもまた這い上がれる。だが、庶民が偶然宝くじを当てて散財して、一文無しになってもまたやり直すことは容易ではない。

一年余りで数億円失ったら、多くの人は頭がおかしくなる。

その恥に青ざめるだろう。

当たり前だが、宝くじに当たったことを褒める人間など、どこを探しても見つからない。それくらいの「恥」なのである。

宝くじで当たった数億円を、女と車とマンションとギャンブルに使い果たしてしまっても、それはいえないままに、どこかからの「お金を寄越せ」という嫌がらせは続いていく。派手に遊んだせいで、殺意を持った人間に狙われることもある。

一方、**一度お金持ちになり、失墜してまた這い上がったお金持ちは、経験があるから散財はしないし、目立った行動は慎むものだ。**

もちろん、一回失敗しているから、二回目も「フェラーリを三台、また買おう」という男は少ない。

庶民は、頂点の満足感を知らない。だから数億円を使い、「これでもか」というくらい「高級」という名のつくものを買い漁る。庶民をバカにしているのではなく、庶民が大金を得たときに失敗するという話だ。

大間《おおま》のマグロの大トロに、「うーん。もっと美味しいものはないか」と思ったら、一度、頂点を知っている男は、「ならば他のいいマグロの赤身で鉄火巻を食べよう」となる。

しかし、**頂点を知らない庶民には際限がない。**「次はキャビアにしよう」となってしまう。そして一年足らずで数億円がなくなり、元の生活に戻るか、逆に借金ができている。

繰り返すが、そこからまた数億円を稼ぐ能力もないから、怪しい人たちに追われる日々が続いてしまうのだ。

大金を得て幸福になる人間、不幸になる人間

ただし、「宝くじの高額当選者は貧乏になる」という法則に、私は少し疑問を持っている。

私は高級ホテルのスイートルームを使っていたことがあるが、お金のあるうちにそれをやめた。「使いこなせなかった」からだ。

「別にこれ以上、広くなっても使いこなせないから、もっと狭い部屋でいいや。ましてやピアノがあったりしても弾けないし、泊まる気になれない」

と悟った。

よく宿泊したのはパークハイアット東京のスイート。「雰囲気を楽しむため」のスイートというお金持ちもいるし、「見栄を張るため」の成金もいるだろう。

泊まってみるとわかるが、リビングから洗面所までが遠い。私は疲れを癒すためにホテルを使うから、洗面台がリビングから遠いとうんざりする。スイートのつくりによってはウォーキングができるくらいだ。ソファでくつろいでいて急にトイレに行きたくなっても、ずいぶん遠くまで歩くことになるし、トイレが遠いと、酔ったときに困るものだ。それに最後まで使わない場所が出てくる。

たとえば、玄関から入った所にちょっとした空間がある。そこに椅子が配置されていたりするスイートもあるが、その使い道も不明。長期滞在する富豪のためのキッチンも長期間泊まらない私には不要。あるスイートではリビングとベッドルームが完全に仕切られていて、リビングからベッドルームまで、すぐに行けない。ソファや椅子がいっぱいあっても一人では不要。夫婦二人でももてあます。

花瓶やライトを置いてあるテーブルや棚もあるが、それも使わない。正直、パーティー用だと思っている。

基本的にスイートルームでパーティーは禁止だが、私の知り合いたちは女子会のような飲み会でスイートを利用している。夫婦、カップルで利用する場合、五〇㎡弱がベストだと思っている。「ジュニアスイート」か「デラックスルーム」という名称になると思う。それくらいになると、ドレッシングエリアもあって、女性にも優しい。

つまり、「宝くじの高額当選者は貧乏になる」という法則とは、「高価」「大きい」などにしか価値を見出せない、ネットビジネスに憧れてるような無能な人にあてはまる話であり、**ちょっと冷静に考える賢い人間なら、宝くじで数億円当てたところで、それを使い果たすとは私には思えない。使い道を「考える」からだ。**世界中にある高額当選者の不幸の話は、その中の一部ではないか。

宝くじ関連の高額当選者など、日本だけでも毎週出ている。ロトは月、木、金曜日、ミニロトは火曜日にあって、ジャンボ宝くじも年に何回もある。その高額当選者たちが全員、転落している話などない。

しかし、突然、大金を持ったら、一瞬、欲望の渦にはまって、お金をばらまくことはたしかであろう。それを途中でやめる人間は賢くて、頂点のまた頂点を貪り続けようとする人間は不幸になってしまうのだ。

お金持ちは考えてお金を使うが、貧乏な人は常に無自覚

「無駄遣い」の本当の意味とは

無駄遣いとは、「余計なモノを買うこと」ではない。
単純に、何かを買ってお金がなくなることである。

お金のある人が過去に高額なモノを買ったことも、その人が貧乏になったら無駄遣いになるかもしれない。

生活をする上で絶対に必要なモノは衣食住しかなく、それ以外のモノはその人の欲望がそれを買わせているのである。

テレビすらいらない、という人間も日本にいるのだ。だから、テレビだって、お金

がない人が無理に買うと無駄遣いになるともいえる。**お金がさほどないのに、四六インチの液晶テレビを買っているような貧乏な人は多い。**

「私があのときに買ったモノは本当に必要だったのか」と考えるか考えないかで、その人がずっと財力があるかないかも決まってしまう。

たとえば預金が五〇〇〇万円ある人がいたとしよう。その人の預金は毎年二〇〇〇万円を使っても減らない。安定した高収入をずっとずっと続けている。そう、死ぬまでだ。

そのお金持ちが人生の途中で買った、車庫に二台の高級車。女性にプレゼントしたヴィトンの鞄、ブルガリのリング。銀座で飲んだお金、競馬やｔｏｔｏに突っ込んだお金――。

何も無駄ではない。

ストレス発散によかったし、ストレスがなかったとしてもお金を使って気持ちよかったはずで、健康にもよかった。

国の経済にも貢献した。

しかし、その人がもし、途中で預金がなくなって、高収入だった仕事も失ったらこうなるのだ。

「あのとき、名前さえ思い出せないような女の子に買ってやった高級鞄。しまったなあ」

正直、「しまった」では済まないくらいの無駄遣いをしていたことになる。愕然とするだろう。

お金持ちもお金がなくなったら、そんなものだ。気がつくのだ。「あんなに散財しなければよかった」「あのときに買ったあれは大失敗だった」と。映画「シンドラーのリスト」のラストシーンがそうだ。

むしろ、**お金持ちがお金を失ったときのほうが大きなダメージを覚える**ものだ。

安いモノをたくさん買っていないか

一方の貧乏な人はお金がないのに、日々、無駄遣いをしている。

そして、ずっとお金がないから無駄遣いに気づかないまま一生を終える。

なぜ、無駄遣いに気づかないのか。

それは、**「小銭をたくさん使っている」**からだ。

毎日、一〇〇円、二〇〇円、三〇〇円……の無駄遣いをしているのだ。

コンビニに行って、おにぎりを買うとする。お金がないから節約しないといけないのに、ペットボトルのお茶も一緒に買ってしまう。お茶なんか、家で淹れればいいのだ。うちの妻は息子が麦茶と牛乳しか飲まないから、家で麦茶をつくっている。コンビニにも麦茶は売っているが、買わない。

だから、あなたにお金がないなら、正直、子どもが飲むものと同じものを飲めばいい、といえる。それくらいお金がないのだから。

子どもは、苦いお茶はあまり飲まないので、牛乳、麦茶、清涼飲料水ということになるが、コーラなどは体によくないので、うちは飲ませない。

節約とは同時に、健康にも役に立つものなのだ。

ちなみに私の妻は、自分で飲み物をつくる。外出時にはそれを水筒に入れて持ち歩いているから、コンビニに飲み物を買いに行くことはほとんどないようだ。

なんの無駄遣いをしたのかわからない人たち

無駄遣いを意識しない人はコンビニで、さらにレジの横に置いてある「セール品」なども、こっそりと、かごの中に入れたりする。

貧乏な人は、「飲むときは発泡酒」と決めているのに、「たまにはいいか」と一本だけプレミアムモルツを買うが、その「たまに」が多い。三日前にプレミアムモルツを買ったばかりなのに、「ベルギービールを売っていたから買った。たまにはいいだろ」と妻にいっているものだ。

「お金がないから」と激安の居酒屋に週二回行く。「安いから」といってまた行く。激安といっても一回に三〇〇〇円払えば、二回で六〇〇〇円になる。

このように、貧乏な人の場合、「激安」の二文字に踊らされて小銭を無駄遣いするから、何に無駄遣いをしたのかわからない。

そして、お金がなくなっていく。

その結果、じわじわと苦しめられる生活になってしまう。

お金のある程度ある人が、行きつけの洋服店に行って、店員さんに乗せられて買った服が数万円だとしても、それは覚えているし、「うーん。ちょっとノリで買ってしまったな……」と反省している。

賢い人間は、無駄遣いをしたあとに自分を戒めて節約するものだ。

庶民の節約とは形が違うが、「次のブランド物は、クリスマスまで買わない」とか「新しいゴルフクラブを買う予定だったが、買うのはその次の新作にしよう」と考えるわけだ。準富裕層くらいの人たちが、自分は、「それほどお金持ちではない」と自覚している場合である。私がそうだ。

しかし、貧乏な人がコンビニで余計なものを買っても、それは記憶に残っていないから、無駄遣いはずっと続くことになって、自分の首をどんどん絞めていく。

貧乏といっても極貧ではなく、平均以上の家庭でも、この無駄遣いスパイラルでお金がなくなっていくものだ。

もともとあった預金が五〇〇万円だったとして、それが三年後に二〇〇万円になってしまうのである。

私の〝散財〟の話をしよう

私は一時期よりも収入が減った。しかし、収入が絶頂期に買ったモノ、使ったことをすべて覚えている。額が額だったからだ。

思えば、「ひどい無駄遣いをしていたなあ」と反省しきりで、いま本当に節約している。最たるモノが車である。以前は常に高級車を二台所有していた。しかも車検を待たずに乗り換えていたものだ。

いま、ホンダのCR－Zというスポーツタイプのエコカーを大事に乗って、四年になる。スタイルに惚れて衝動買いしたが、また別の車を買って無駄遣いにならないようにずっと乗っているのだ。

「里中、ホンダでおまえは一流なのか。そのプラモデルみたいな車で高級ホテルに行くのか」

などと中傷されるが、どうでもいいのだ。ベンツを買えるお金はあるが、買うのはCR－Zの故障が増えたとき。そのときに買うのも必ずベンツというわけではない。

車検を通す気持ちになれる好きな車を買う。無論、それなりに見栄えのいい車にはする（二〇一六年にベンツに乗り換えた）。

断っておくが、ホンダのCR－Zはけっして庶民的な車ではない。お金に余裕がある年配の車好きが二台目に買うような車である。ホテルのエントランスにも似合う。一流か三流かという議論はバカげている。

ホンダだから何かと叩かれるわけで、BMWが同じタイプの車をつくったら、日本人は、イメージだけで「高級だ」「かっこいい」というだろう。車を知らない人間からの批判などその程度のレベルだ。

女性にも無駄遣いをしてきた。それほど好きでもない女性に、高級鞄をプレゼントしていたものだ。

石田純一が、「女性へのプレゼントに何千万円も使ってきた」といっていたが、私の場合もプレゼント、旅行代、家賃、生活費、美容代などをおおまかに計算すると、この一〇年だけでも三〇〇〇万円くらいにはなるだろう。その女性たちの中で、現在残っているのは一人しかいない。こちらから別れてもらった女もいるが、プレゼントを渡したら消えた女もいる。だから女性にお金を使うのはやめた。

貧乏な人や所得の低い人が、けっこうな無駄遣いをしているという話である。耳が痛いと思うが、**お金がなくなると周囲にも迷惑だ。**違うだろうか。誰かに無心することもあると思うし、友人に愚痴をこぼす。いまの時代ならツイッターで呟くのだろうか。

私も急にお金がなくなったときに、周囲に迷惑をかけた。

いまでもそうかもしれない。

一緒に、反省しようではないか。

自分に見合った、「中の上」のお金の使い方を知る

金持ちの「下品」、貧乏人の「嫉妬」

「一晩で二〇〇〇万円使った」

芸能界の大御所がテレビでいっていた。

何か下品だと思わないだろうか。

私は先日、ラスベガスに行ってきたが、「おまえはラスベガスで何千万円か使ったんだろうな」という因縁メールがきた。そしてある女の子が「海外で一週間かそこらで三〇〇〇万円使った」という話をぶつけてくるのである。男の金でね。

話はどんどん、お金を使えば使うほど偉い、という稚拙な流れになっていき、「お

まえの彼女には月何百万円の小遣いを渡しているのか」という展開になっていく。

「おまえのマンションはいくらか。俺は億ションだぞ」

「おまえの車はたったの二五〇万円。笑っちゃう」

といった具合に、だ。

お金の亡者の攻撃は稚拙で、嫉妬に狂っている。

お金を持っていればいるほど偉いのなら、世界の長者番付一位の人が世界一偉いことになるが、世の中にはノーベル賞を取った人もいるし、金メダルを取った人もいるし、美人で女らしく生きている人もいる。お金持ちや名誉を得た人たちが食べる高級料理の食材を努力してつくっている農業の人たちもいる。そんな人たちのほうがある意味、偉い。

ただし超貧乏では話にならない。芥川賞を取るまでに、超貧乏で、妻と子どもにパンの耳を食べさせていたような男を、私は認めない。

ある程度お金があって、それなりに頑張っている人に、「おまえの年収は一五〇〇万円か。もっと持っている人は大勢いる。おまえは三流だ」と攻撃をしかけてくる奴らは、決まって貧乏な人間だ。虫唾が走るほど嫌悪している。

「豪遊自慢」など、誰からも尊敬されない

一方で冒頭の芸能人のような下品なお金持ちも嫌悪している。とにかく「下品」は認めない。

一晩で二〇〇〇万円を散財。五〇〇〇万円のリムジンを現金払いで購入。彼女には、一本数百万円もする時計を三本購入。けっこうなことだと思うが、それをテレビで自慢げに話すのはどうかと思うし、「豪遊自慢」など、誰からも尊敬されない。

普通に、「フェラーリを買った。車が好きで、長年の夢だったんだ」とお金持ちとしての上品な話をすればいいのだ。「運転手付きリムジンだ。どうだ」と高笑いしている男なんか、ダンディでもなんでもない。

札束と美女を常に見せびらかしているような男は、品性に欠けるという一点で、尊敬できる部分は何もない。

私が一晩で、女性やお酒に使ったお金はせいぜい五〇万円弱だと思う。それも一回

か二回ほどしかない。

別の項にも書いたが、お金が有り余るほどあっても、スイートルームを多用するなど、無駄なことや自分に合わないことはしないからだ。

ニセモノのお金持ちは〝お金だけ〟動かす

では私ならどうするか。

ある女性の誕生日に、生まれ年のシャトーマルゴーを用意して、パークハイアット東京のスイートのランクが少し低い部屋を予約。シャトーマルゴーは一二世紀からある世界で最も有名なワインのひとつだ。「ワインの女王」ともいわれている。

最初、彼女の年のシャトーマルゴーが見つからず、パークハイアットにお願いして見つけてもらった。ホテルは、「澱《おり》があるから最低一週間以上、寝かさないといけません。宿泊の日まで預かります」といってくれた。

誕生日当日には、まずパークハイアットのホテルでランチ。チェックイン後にプール。

それから、ディナーは有名な「ジランドール」。

誕生日の歌を歌ってくれるサービスがあるが、恥ずかしいから遠慮して、生演奏を聴きながら、良質のフレンチをいただいた。夜はサプライズでケーキも用意したが、食べきれなかったようだ。

その後、ホテルが用意してくれたシャンパンと保管してあったシャトーマルゴーをバトラーのような人が持ってきてくれた。こちらは頼んでいないが、丁寧に慎重に運んできた。花束に囲まれていた。

持ってきてくれたシャトーマルゴーは、一九八〇年のものだったか。古いワインなのでコルクが劣化していた。素人では開けられないし、プロでも失敗が多い。実際に、コルクは砕けてしまって、中に落ちてしまった。澱もあって、素人では飲むことができないような状況だった。しかし、プロはコルクと澱を除いたワインをグラスに注いでくれた。それができる器具を持ってきてくれていたのだ。

シャトーマルゴーはいくらだったか記憶にないが、その誕生日に五〇万円も使っていないと思う。だけど、それで十分ではないか。これ以上、何か彼女にサプライズを用意するなら、高価な宝石を買うしかない。彼女には以前、すでにブルガリのネックレス、ティファニーの指輪をプレゼントしてあった。それが気に入っていたようで、それ以上プレゼントを求めることはなかった。「ハリー・ウインストンのダイヤの指輪が欲しい」という女性ではなかったのだ。

下品ではなかった、ということだ。

プレゼントをたくさんあげているのに、さらに要求してくる女性がいるが、そのような女性と付き合うのはすぐにやめた。

どんどん高価なモノを買い、自慢する男が偉いなんて思わないが、「俺は年収五〇〇〇万円。おまえはどうやら三〇〇〇万円以下だな」とか、そんな幼稚な価値判断を突き付けてくる男は多い。

お金は札束を見せびらかしたりせず、上品に使うことが大事で、それができる男こそ一流なのだ。

とにかく、私は「下品」を嫌っていて、だからといって、「清貧」も好きではない。

何事も「中の上」が素敵だと思っている。

先ほど、なぜシャトーマルゴーの話をしたのかわかるだろうか。**お金持ちになって、その財力にとりつかれている男には思考能力がなくなっている。**彼女の誕生日年のシャトーマルゴーを自分で探すこともしないだろう。

そう、**下品なお金持ちは、自分は動くことなく、すべてお金で解決する**のだ。ホテルに五〇〇〇万円を渡して、「これで全部やっておけ。当日は迎えに来い」という。こんなやり方で喜ぶ女性がどこにいるのだろうか。感動する女性がいたら、相当権力のようなものが好きなのだろう。

いくら大金を積んでも、いい人間関係はつくれない

二〇〇一年の米国同時多発テロの頃、私は積極的にパークハイアット東京に宿泊していた。たまたま、その年に本が売れていた。

当時、外国人客が激減していて、ホテル側は困惑していた。その頃は、まだ若くて「お金があるならスイートルームに泊まるべき」と思っていたから、スイートも利用

したものだ。

ホテル側は、よく利用してくれる客をチェックしているから、私がたかがアニバーサリープランで、持参するワインの話をしただけで、いい扱いをしてくれたのかもしれない。

私のこの話に納得しない一部の読者たちは、「おまえがいくら高級ホテルに泊まっても、そのホテルは大富豪しか相手にしていない」というのである。では、その大富豪には、ホテルマンが土下座をして足を舐めたりしているのだろうか。


お金があれば手に入るモノは多い。

得られる快楽もある。乱交パーティーなど、自分で主催できる。

しかし、人と人との信頼関係は大金を積めば積むほど固くなっていくものではない。

品格も大切になってくる。


お金持ちを目指せ。

だが、下品になってはいけない。

お金を稼ぎ、高額品を買って自慢しても、誰もついてこない。

わかる人には、わかる。

「バカだな」の一言で一蹴される。
尊敬されることなどない。
一度、あなたがお金持ちだと思う人を見てみるといい。
謙虚でいながら、上品な人間と信頼関係を築いているはずだ。

読者からのQ&A 1

Q

ビジネス書でよく、成功者になるためには、「相手に尽くしなさい」とか「与え続けなさい」といいますが、里中さんはこれについてどう思いますか？　相手の顔色をうかがったり、自分をおいて相手のために動くのは正直、疲れました。

A

誰がそんなことをいったのか。まず自分の楽しみ、つまり夢のために行動するんだ。それをフォローしてくれる恋人や親のために、自然と頑張るようになる。そもそも、人は一人で成功できるわけはなく、成功を目指している間は誰かが助けてくれるもので、それに感謝していれば、自然とその人のために頑張りたくなる。「与え続ける」って何を？　お金はないし、意識的に愛情を与えている暇もないでしょう。君が努力を続けることが、成功への近道だ。

2章

年収三〇〇万円から
お金持ちになる方法

「洞察力」を磨く

世の中の「常識」に惑わされるな

世の中には、「本当のこと」がある。

「美人は三日で飽きる」という言葉があるが、もちろんこれは嘘で、本当のことは、「美人は一生見飽きない」だ。

「金と塵は積もるほど汚い」

よくわからない諺《ことわざ》だが、真実は「お金は積もるほどあったほうがよい。汚くなるかならないかは本人次第」である。

世の中にはこういった間違った「教え」や「情報」が氾濫している。

それに対して「それは違う」と瞬時に反応し、分析できる男は、まぎれもなく成功者か成功者予備軍といえる。非成功者でも、しっかりと家庭を守っている器の大きな父親の場合が多い。その父親は子どもたちに、「これが正しいんだ。これが本当のことなんだ」と教育をしているものだ。非成功者と書いたが、ある意味成功している父親といえる。

世の中には、貧乏な人と平凡主義者らを「ほっとさせる」諺や情報が氾濫している。

彼らはそれらの言葉を宗教として、あるいは慰めとして生活をしている。

そう、彼らは自分で語れるだけの言葉がないのだ。

一方の**成功者や才能のある人間は、自分だけの言葉を持っている。**

そう、**信念**だ。その信念があったからこそ、彼らは成功し、稀有な存在になったのである。

ピカソのような男だ。

そんな唯一無二の成功者の言葉を聞くために、成功者の本があるのであり、それらを軽視してはいけない。

成功者から学べ

では、凡庸な人が世の中の「本当のこと」を知るための洞察力を養う方法はあるのだろうか。

残念だが、その方法はない。

私はきれいごとはいわない。

味覚障害の人に日本一の天ぷらを食べさせても喜ばないように、洞察の才能がない人に、「街を見て何か感じるか」と訊いても、ぽかんとしているだけである。

しかし、本書をここまで読んだ読者には、「読書ができる」という立派な才能がある。読書をしない人間は意外と多く、「活字が嫌い」といって雑誌も新聞も読まない人間もいる。

もし、洞察力がなければ、洞察力の優れた男の本を読んで、その知的財産をもらえばいい。**経験豊富な男からもらう知識と知恵は本当に大切なのだ。**岩波文庫を揃えるくらいになってほしい。

最近、私は宝くじ売り場を観察していてあることに気がついた。

「お金持ちは悪だ」と貧乏な人の多くが口にする。

「もっと税金を払え」と暴言も吐く。

なのに彼らは必死に宝くじを買う。一等が三億円だとして、当たったらその「悪」になるのに、だ。こんな矛盾はない。

お金持ちを罵倒している貧乏な人が、実はお金持ちに憧れている証拠ともいえる。

宝くじはいつの時代も「庶民の夢」といっているのだから、それを買うことで、「お金持ちになるのが実は夢なんだ」と本音を漏らしていることにもなる。

貧乏な人は、本当はお金持ちに憧れている。

正確には、大金が欲しいのだが、大金を得たら自動的にお金持ちになる。言い訳はできない。

芸能界で、二世タレントによる不祥事がよくあり、決まって親に非難が集中し、マスコミに叩かれまくっている。

日本の「成功者叩き」の恐ろしさ

ここから考察するべき問題はたくさんある。

息子の不祥事でなぜここまで責任を取らないといけないのか。有名人のお金持ちが失敗したときの「税金を払え」の嘲笑もひどいものだ。

私が注目したのは固定資産税。この税金は、家を持っていたら突然無収入になっても税金が発生し続けるという悪魔のような税金で、なぜ国民が怒らないのか不思議なのだ。それどころか固定資産税に苦しんでいる「元」お金持ちが出てくるととても喜んでしまう国民である。

たとえば先祖からの土地に大きな家がある人が、歳をとって働けなくなってもその家に税金がかかる。結果、売却してアパート暮らしでは、辛い老後を過ごさないといけないわけだ。それこそ、お金持ちは貧乏になれ、という悪しき社会主義ではないか。

日本は、世界で一番成功した社会主義国家といわれて、やや、外国から不思議がられて笑われている。外国の人が日本のどこを見て社会主義国家といっているのかはわからないが、日本の貧乏な人が、お金持ちを叩いて失墜させ、彼らが税金に苦しむ姿を傍観して喜んでいる姿を見るたびに「日本は一億総貧乏を目指す、恐ろしい社会だな」と唸ってしまうのである。

ところで毒舌ではないタレントは皆、善人に見えるのだろうか。

私は逆に、家庭円満をテーマにしたCMに出ている男性タレントのほうが見ていて不思議だ。「よくあんな善人面ができるな」と感心しきりである。

一度、家族の食卓のCMに毒舌タレントとスキャンダル女優を起用してもらいたい。そのほうが現実味がある。

何しろ、男なら一度は浮気したことがあるだろうし、風俗にも行っているだろうし、タレントなら大金も持っている。大金を持っているなら庶民がいう、「〝悪い〟お金持ち」ではないか。それなのに好感度が高いからとかで、お金持ちなのに〝善い人〟になるのだから、悪いお金持ちの定義を語ってほしいと私は思う。

「村上ファンドのような奴こそ悪いお金持ちだ」

というなら、法にさえ触れていなければ、皆、善いお金持ち、あるいは悪くも善くもないお金持ちということでいいわけだ。

あなたが知らなかった世界の本を読む

でも、そうではないでしょう。

お金持ちは、どんなに善人でもけっして許さないでしょう?

彼らが失墜するのを待っているでしょう?

ジャニーズの男が主役のテレビドラマの視聴率が下がると嬉しいでしょう?

要は、**「悪いお金持ち」とは、日本の大多数を占めるお金のない人たちの願望**である。

私はそれに中学生の頃に気がついた。

あなたは何歳になったら気づくのか。

日本は、治安のいいところは素晴らしいが、お金に関して日本人は最悪で、劣等感のある醜い民族であることに。そして世の中の真実に。

「見極める力」がないのなら、あなたは、誰かに教えを乞わないといけない。

本を読まないといけない。

歴史に残っている偉人の本。あなたが嫌悪している大金が動く世界を書いた本。あなたが嫌悪している快楽とセックスを書いた本。

あなたが共感する世界の本を読むのではない。**あなたが知らない世界と嫌いな世界の本を読むのである。そこには人生を変える「ヒント」が書かれている。**

あなたが不細工で、あなたの彼女もブスだとしよう。『なぜ美人ばかりが得をするのか』（草思社）という本がある。それを読むといいだろう。絶望するかもしれないが、それが「本当のこと」だとわかるだけでも、真実を語る能力が生まれる。

お金が悪だと思っているなら、『金持ち父さん　貧乏父さん』（筑摩書房）を読めばいいし、セックスが純愛だと思っているなら、『乱交の文化史』（作品社）でも熟読してもらいたい。

お金を稼げない人間には洞察力も観察力もない。

経済を陰で支えているような人に対して「お金持ちは悪だ」と思っている時点で、もう何も生まない。

しかし、本を読む人は変われるのである。

人と反対の行動を取る

賢い人間を見抜き、ダメな人間から遠ざかる

「バカ」は伝染する。

私はきれいごとが大嫌いだから、そう、はっきりいうので叱られてしまうが、世の中には、どうしようもなく頭の悪い人間がいる。人口の半数はそうだと思ってもらいたい。

政治・経済も知らなければマナーも守らないおばさん。ダメ男とばかり付き合う女性。暴力的なことばかりしている男。長いものに巻かれる男……など。

彼ら、彼女らが好むものを否定すれば、それだけであなたは向上するし、出来のよ

い人間になる。「人を見下してはいけない」というが、反面教師という言葉もあるように、ダメ人間をよく観察して、それを真似ないようにしないといけない。

たとえば私は車が好きだが、

・おばさんの乗る車
・軽自動車
・ヤクザが好む車

これを徹底して避けてきた。同じと思われると困るのだ。

そういう私の人間性を嫌う人が多いが、ではなぜそんなにきれいごとをいうのか。「人をバカにしてはいけない」とか「自分を偉いと思っているおまえは劣等感がある」とか「同じ人間を軽蔑するおまえは人間として失格」というわけだ。ブッダの言葉にしても論語にしてもけっこう辛らつな内容だが……。

だが、そもそも、そんな**きれいごとを口にする人間のほうが決まってあくどい**のだ。

別項で語ったが、「お金持ちは悪い」といいながら、宝くじを買う人たちと私は違う。私は正直に生きているだけだ。

先日、車を走らせていたら、十字路に差しかかり、軽自動車が走ってきた。軽自動車側はその十字路で一時停止しなければならない。こちらは一時停止をしなくていい優先道路だった。

しかし、私は軽自動車に乗っているおじさんの顔を見て、車を減速させた。案の定、一時停止などしないで突っ込んできたものだ。私の中で、「軽自動車に乗っているおじさんはほとんどが危険」という認識が出来上がっているから回避できた事故だ。運転している顔を見れば、左右の確認をしていないのもわかる。

このようにどんな人間がバカで、どんな人間が賢く、知性的かを判断できるようになれば命も守れる。なのに、命を守りたい私を批判する人たちは、何がそんなにいけないことなのか、ちょっと手紙でも寄越してほしいものだ。

お金持ちが「集団」を嫌う理由

私は外食に関しても徹底している。

庶民が好む店はすべて緊急用。吉野家に入ったことは、雷雨で避難して以来一度もない。

断っておくが、**庶民がバカといっているのではない。だが、貧乏になればなるほど素行が悪くなる確率は格段にアップしてしまう**といっているのだ。

お金が極端にない人間は、清貧に静かに生きている人を除けば（別項に出てくる歩《ぼっ》荷《か》の仕事を田舎でしているような男）、仕事ができない人間がほとんどだ。

そんな、仕事がまともにできない人間が集まる場所が、ファストフード店だ。

素行が悪い人と空間を同じくすることに抵抗がないからである。

マナーを守らない人間を見ると、私は苛立ってその場所から逃れたいと思うが、同じくマナーを守らない人たちはそうは思わない。

昔、競馬をやっていた私は痛感している。馬券は一枚一〇〇円からなのだが、一〇〇円ずつ買っている男たちはマナーなどまったく守らない。椅子の上に新聞を置き、馬券を買いに行ったり、何か食べに行ったりする。すべて自由席であるにもかかわらず、だ。当時小学一年生の息子が「これって悪いことだよね」といったくらいだ。もちろん、ゴミ箱に馬券は捨てずに、放り投げる。騎手に罵声を浴びせ、「死ね」とか叫んでいるものだ。馬が骨折して競馬を中止したら怒る。「かわいそうに」なんていわない。一〇万円くらいぶちこんでいるなら、多少怒る気持ちも理解するが、三〇〇円くらいしか賭けていないのに負けて、その負けた騎手に「死ね」である。人間失格といえる。

ところが、昔あった一〇〇〇円単位でしか買えない馬券売り場は、雰囲気からして違ったものだ。場内は静かで、一万円札をスッと財布から出して、馬券を買う物静かな男たちがいた。

彼らは馬券を買うと馬券売り場から出て行く。近隣のホテルにあるテレビなどで観戦するのだろう。一〇〇〇円単位の馬券売り場は清潔なのに、それでもそこから脱出したがるくらい、お金持ちは集団を嫌う。

なるべく、集団と関わらない。

世俗を嫌うともいえる。

集団は愚かだからである。

「愚民」という言葉があるくらいだ。

なにも高級料理店だけが「いい店」ではない

ファミレスも集団がいる店。次から次へ人が入ってくるファストフード店もそう。マックのドライブスルー、激安回転寿司店。そんな店に行っていたら、頭が悪い会話が聞こえてくるし、汚い洋服が視界に飛び込んでくる。横柄な男が子どもにドヤ顔で一〇〇円寿司を食べさせているのを見て、ひどいストレスになる。

ストレスにならない人は、同じ種類の人間だ。私は激安回転寿司店に一〇分といられない。

とはいえ、私も大金持ちではないから、毎日高級料理店に行けるわけではない。だが、ここからが重要なのだが、**なにも高級料理店だけがいい店ではない**のだ。

要は愚かな集団が来る店があなたの知性を破壊する店で、そうでなければどの店も大丈夫なのである。

その最たる店が手打ち蕎麦屋だ。別項でも触れているが、激安店で食べまくる寿司なんかよりずっと味がよく、健康にもいい。価格もずっと安く済むうえに、素行の悪い人間もあまり来ない。

先日、車を深夜に運転中、発熱した。風邪をひいていたようだ。友人に休むようにいわれたから、カレーのＣｏＣｏ壱番屋に入った。すると、作業着風の服を着た男が椅子に寝そべって、カレーを食べているのである。そんなバカが手打ち蕎麦屋にいる**ことはない。それがどんなに重要なことか、あなたにはわかるだろうか。**

人は、バカなものを見てはいけないのだ。

「お店選び」でその人の知性がわかる

テレビでも、教育に悪いバラエティー番組はさかんに叩かれるでしょう？

それと同じ理屈なのだが、世間の人たちはテレビだと「こんなくだらない番組は子どもに害だ」という勢いで叩くが、街ではバカを子どもに見せてもかまわないと思っているのだ。矛盾に他ならない。

バラエティーをテレビで見て、「なんて下品な番組なんだ」と怒っている人たちの中には、怒ったその翌日に、何事もなかったかのようにファミレスに行く人がいるだろう。子どもは食べ物を食い散らかし、しかもそのことを注意すらしない人たちもいるはずだ。

そう、自分が何をしゃべっているのかすらわかっていない。

「お金持ちは悪党だ。汚い。ベンツに乗っている奴は悪いことをしているに違いない」

といった翌日に、一時停止の標識も守らない運転をしていてなんの反省もしない、という流れである。

それから、**私は飛び込みで店に入るのが嫌いだ。**

美味しかったことはほとんどないし、マナーを守っていない客が必ずいる。

田町で駅前のビルの中のレストランに入ったら、昼間から酔っぱらって大声で怒鳴り合っている客がいた。しかも料理はまずい。整形外科で長時間の治療を受ける前に、「少しは食事をしておかないといけない」と思って緊急で飛び込んだが、大失敗。

それ以来、自分のよく知っている店と知り合いの紹介する店にしか行かなくなった。

どんなに空腹でも入らない。ふらふらになったら、薬局で栄養剤を買って飲む。

それくらい、私は大衆レストラン、ファストフード店を嫌っている。

先日、銀座の寿司屋に行ったら、なんだか騒がしい。一見の客が泥酔して大声で話していた。

珍しいことだが、高級店にもそのようなことはある。

しかし、それを店側が許さないのが高級店だ。私を見た店の女性が、「先生、少しだけお待ちいただけますか。すぐに追い出しますから」と恐縮していた。その対応が気持ちいいし、知性や品格の世界といえるではないか。

あなたたちにもその一流の対応を経験してほしいと願ってやまない。

伸びない会社にしがみつかない

二〇代で女と趣味にのめりこむと、大成しない

若い頃、女子大で職員をしていた。なんでも屋さんのような仕事だ。教員が使う教材の用意、修理、学園祭の手伝いなどをしていた。学生は男の視線を気にしないから廊下で着替えていたりする。同僚に、学生と結婚した人もいた。男にとっては楽しい職場だった。

私はなぜか父性が強く、「女性や子どもを守りたい」という願望が無限にあって、それが原因なのか年下の若い女性に好意を抱く。その若い女の子のエロチシズムを見ているだけでも好きだ。老いてからは変わってくると思うが、当時は二〇代後半だっ

たから、私にしてみれば天職のような職場だったといえる。

だけど、私は、「作家になりたいから、この仕事は長く続けない」と仲のいい同僚にいっていた。


女と仕事、どちらが重要か。

愚問だが、私の知る限り、**女を仕事よりも重要視すると、仕事では大成しない。**

「女」とは、もちろんセックスの話だ。

セックスを毎日できる環境をつくる。たとえば、アパートや安いマンションを借りる。仕事も、セックスができる状態を維持する。新妻とだけではなく、たまに風俗にも行ける程度の稼ぎに満足する——。

そうして**男はセックスのことを生活の軸にしたり、唯一の楽しみにしたりすると、意外と伸びない。**セックスは、お金をかけなくてもできるからだ。

当時の若い私がそれを考えていたわけではないが、女の子たちと接触する機会がたくさんある女子大にずっといる気がしなかったのは、それくらい「仕事」を重要視していたことになる。

若い頃に、「女」と「趣味」にのめりこむ男ほど、成功とは無縁なのだ。

上司の給料を見ればわかる、自分の限界

　ある日、学校の門から教室まで、同僚の男と歩いていた。不意に彼はいった。

「里中くんはいいな。一発を狙っているんだから」と。

　広いキャンパスを歩きながら、彼はため息をもらし、なんだか疲れた感じだった。

「一発？」

「ベストセラーでも出したら億万長者だろ」

　そういうことか。当時の私は、「いい作品を書きたい」とか「何かの賞を取りたい」と、わりと「名誉」のほうが欲しくて、あまりお金のことは考えていなかったが、このとき、私の脳裏に、当たり前のことがよぎった。

「だったら、あなたも一発が狙える職業に就けばいいじゃないか」と。

　よくわからないのである。

　一発狙いがリスクとでも思っているのだろうか。

一発を狙うといっても、それなりに仕事をしているのだから、それなりの収入もあろう。

作家でいうと、ベストセラーが出るまでに小ヒットくらいはあって、その間は年収五〇〇〇万円ほどの生活をしていると思う。だったら、会社員などと一緒で、一発を狙っていたとしても、そんなにリスクが高い生活をしているとは思えない。

いろんな手当や保障がないからだろうか。たしかに、作家に住宅手当はない。しかし、保険のようなものがそんなにリスクを軽減するとも思えない。失業保険にしても微々たるものだ。

「プロ野球選手は怪我をしたら終わりだ」という人もいるが、**会社員だって、鬱病だ、パワハラだ、リストラだ、と常に危険と隣り合わせだ。**

むしろ、近年は会社員の鬱病のような精神的な病のほうが、スポーツ選手の怪我などよりも多いと思う。作家は組織にいるわけではないから、その類の病気にはあまりならない。私の場合は、少年時代からの持病があるが、編集者からのパワハラなんてない。

その同僚が、私を羨ましいと思ったのは、**「お金持ちになれる可能性がある職業を**

目指しているから」だ。そしてそれを自分はできないからだろう。

自分の職業には収入に限界がある、ということも知っている。

あなたもそうではないか。

会社の上司の給料を見れば、自分がいくら頑張っても限界があるのがわかる。

「年収三〇〇〇万円が夢」

と思っても、その会社の重役に三〇〇〇万円の男はいない。

なのに、その会社にしがみついている。何か矛盾している。

私の仕事は物書きだから、本がベストセラーになったら年収は一気に増える。だが、東野圭吾のような作家を除いて、毎年のようにベストセラーを出せる作家はあまりいない。

副業、投資——一億稼ぐつもりで行動を起こせ

ではどうするか。

私なら副業を考えるし、投資も考える。

実際に、コンサルティングの仕事をしているし、昔は競馬の仕事を副業でしていた。

「一発狙いにはリスクがある」というが、リスクを回避する方法はいくらでもある。一発で一億円を稼げない間は、一〇〇万円をコツコツ稼げばいいだけである。

「そんなことは簡単にはできない。簡単にいうな」と思った人もいると思う。

では、会社員の仕事は簡単なのか。

簡単な仕事などない。だが、あなたにとって、わりとうまくできる仕事はある。その仕事が年収三〇〇〇万円を狙えるようだったら、それをやってみることだ。

一億円を一気に稼ぐことがあなたの夢だとしても、あなたはそれが不可能な仕事をしている。

不可能な仕事とは、その仕事で億万長者になった人がほとんどいない仕事である。

私は、億万長者になりたくて物書きになったのではないが、私の同業者には過去、大ベストセラーを出した人間がいっぱいいる。だから確率は高い。

私の知人に、宅配業を立ち上げた男がいた。

数年しか見ていなかったが、生活は疲弊していた。

宅配業で大成功をした人間は、日本でわずかだと思う。それを狙ったのだろうか。

それこそがリスクではないか。

あなたがどれくらいのお金が欲しいのか私は知らない。

五〇歳で年収一五〇〇万円を目指しているとしたら、同僚の五〇歳の人たちを見れば、それがかなう可能性があるかないかがわかる。

とても当たり前のことだが、意外とそれを考えないで、業績が頭打ちの会社にい続ける男は多い。

「根性論」を捨てる

〝ワーキングプア〟という現実

昨夜、女の子に一万円を渡した。

私はけっしてお金持ちではないが、たまに親しい女の子にお金を渡す。セックスの関係がなくても、だ。「生活費」ということだ。

そのときに私は思う。

「一万円くらい、明日になれば入ってくるだろう」と。

だが、ここでは「どうやったら、一万円を稼げるのか。日銭はどこから入るのか」という話はあまりしない。

ほとんどの貧乏な男は、毎日必死に働いているか、逆にサボりにサボっている。

朝早く出勤し、重労働、または安い賃金で働き、夜遅くに帰宅する。

ニートやニートまがいの男は、いうまでもなく貧乏である。

世の中、何もかもが極端なもので、私はよく、「おまえの話は極論だらけだ」と批判されるが、極端に長時間、重労働を頑張っても、ニートのようにサボっていても、お金は増えないのだ。

以前、タレントの志村けんさんが付き人を募集していて、「実働七時間」とあった。もちろん、志村さんはお金持ち。昔は一〇時間以上働いていたと思うが、いまは七時間くらいなのだろうか。

重労働、長時間労働ではない人間のほうが、お金持ちという理屈だ。芸能人には例外が多いと思うが。

非常に簡単な答えを出すが、働けば働くほどお金持ちにはなれない、ということだ。

無論、まったく働かない人間にもお金は入らない。不労所得を目指している若者は多く、だがそれで成功する確率は低いと思っている。

労働に関して、「極端なこと」をしていると、実利が得られないともいえる。特に長時間労働の人はまっとうな実利を得ていないのではないか。

私の話をすると、また、「自慢話だ」と怒られるのだが、リアリズム作家で、自分の話しかできないので、そろそろ大目に見てほしい。

締め切りが近くならない限り、私の執筆に費やす時間は一日五時間もない。

それ以外は、株をやったり、ボルダリングをしたり、ゴルフの練習をしたりしている。また、コンサルティングも地味にやっている。「生き方」の相談ならお家芸なので、その類のコンサルだ。プロを気取った経営相談はしないし、何かあくどいスポンサーをつけて、大金を取っているわけではない。

お金儲けは「毎日」やらなければならない

「株」に着目してほしい。

株式市場は、午前九時から、午後三時まで。

会社員が働いている時間に取引が行なわれているのだから、裏を返せば、「おまえら会社員が手を出すもんじゃない」といっているようなもの。もっと明確にいうと、「投資家を相手にしていて、君らに用はない」というわけだ。

同じ時間に働いている会社員たちをターゲットにするなら、株式市場は夕方から開場しなくてはいけないが、そんなことは絶対にしない。

一方、ギャンブルは、土日に開催していることが多い。それらは会社員を相手にしているのだろう。

しかし、**実はお金儲けとは、毎日やらないといけない**のだ。あなたの本業以外に、毎日だ。

はっきりいって、会社員がたまに競馬場に行って、大勝ちすることなんかない。ビギナーズラックを手にしてまた次に行ったら、そのお金は消えてなくなる。

「継続は力なり」という有名な言葉がある。

しかし、**低賃金で働いていて力になることは、「根性がつく」くらいで、やがて劣等感を生んでしまう。**才能の必要ない特殊な分野の仕事にしがみついていても、それは「徒労」というものだ。

お金を稼ぐ何かを毎日やっていたら、よほどのことがない限り、それで大失敗することはない。大失敗する人は例外なく勉強不足で、そのギャンブルにのめりこむ人たちだ。勉強不足とは、その世界を、「なめている」という意味だ。

また、仕事を辞めてしまい、一日中、パチンコなどをやっている人も同じ。朝から競馬場にいる男たちが大勝ちすることも滅多にない。

私は本を書く仕事以外に、毎日、「何か」をやっている。

公言できるのは株の話だけだが、その何かがあるから、女の子に一万円あげても、「明日には取り戻せる」と楽観している。そんな楽観主義もお金を稼ぐのに効果的だ。

あなたにも覚えがあると思う。

「お金が儲かってから、妻にプレゼントをしよう」

「ボーナスが増えてから、車を買おう」

それは先送り、また先送りではないか。

人は、追い詰められて初めて知恵を絞りだす。**先にお金を使ってしまえば、「さて、どうすればいいか」と考えるものだ。**

私はずっとそうしてきた。

もし、私が破産するとしたら、印税が入る予定もないのに、一〇〇〇万円の車を買ってしまったりするときだが、給料が三〇万円の男が生活費を残さずに、銀座のクラブでその金を全部使うこともないように、そこまでバカな「先行買い」をしろという話でもないから誤解しないでほしい。**男なら、二〇〇万円くらいの車を買って、ちょっと追い詰められてみてはどうか、**といっているのである。自殺しない程度に、という話だ。

一万円を簡単につくる最良の方法

以前、ラスベガスに行ったが、タクシーを使いすぎて、カジノで遊ぶ前にキャッシュがなくなった。なんとタクシーでぼったくられたりしたのだ。まるで違う方角に走るから、砂漠に連れ込まれるかとも思った。

仕方ないから、VISAカードでキャッシングした。それを帰国後に失念していて、ゴルフのクラブを新品で買った。しかも、「カードなら割引きします」といわれて、またカード払い。

その前日に、安倍首相が消費税を増税すると発表をしていた。

非常に不愉快だが、不愉快で悔しいまま、国家権力に負けているわけにはいかない。

「消費税が上がったら、儲かる会社はどこだ？」

それを必死に考えて、ある会社の株を朝一で買ったら、午後に高騰して、あっさりとゴルフクラブの代金分を取り戻した。急な投資だったから数万円だが。

それもこれも、私が余裕のある仕事をしているからで、株式市場が始まる時間は、もう会社の中で缶詰状態の人にはそれができない。バカにしてるのではなく、東証は会社員を相手にしてないのだ。

いまの生活から抜け出せないって？

そこまでは面倒を見られない。

私は私の話をするだけで、あなたに強制はしない。

そもそも、いまの生活から絶対に抜け出せないという男に、「抜け出せ」といっても聞かないし、本を読んで聞かせても、右の耳から左の耳に抜けていくだろう。

あなたが一万円を簡単につくる最良の方法とは、「まず時間をつくること」なのだ。

志村けんさんの付き人になった男は、ひょっとしたら七時間の付き人の仕事以外に、何かできるのではないか。

稼ぐために自分ができることをもっと考えよ

時間をつくって、毎日、投資か何かをしてみることで、お金が増えていくかもしれない。

ぱっと思いついただけでも、株、ＦＸ、先物取引、債券、金、競馬、競輪、競艇、ロト、ナンバーズ、ｔｏｔｏ……。

東京にカジノができるという話もある。

それなら、平日、土日、毎日、何かができるはずだ。

それらを、確実にお金が入るいまの仕事と並行して、「毎日」やっていると、どこで勝てるのか自分でわかってくるのだ。完全なギャンブルのロトにしても、六等、五等を確実に当てている人がいるものだ。

「僕にはお金がない。会社の給料が安いんだ」

そんなことは当たり前だ。
多くの日本人会社員がそうだ。ずっと不況なのだ。
では、そうではない人たちはどうしているのか。
それを考えないといけないのに、考えようとしない。
お金が欲しいなら、巨額な資金を有している組織から取ればいい。
「取ってもいいですよ。勝負しましょう」
と奴らはいっている。男ならその喧嘩に勝って、勝利の雄たけびをあげてほしい。

お金を「働かせる」

「生活費」をもっと稼ぐために――

元プロ棋士の桐谷広人《きりたにひろと》さんが話題になっている。

私は子どもの頃から将棋が好きだから、名前を存じ上げていたが、まさか投資家になっているとは思っていなかった。

バブルの崩壊やリーマンショックなどでずいぶんと大損をしたようだが、いまは株主優待だけで生活しているようだ。

はじめに読者に釘を刺しておくが、桐谷さんは、棋士として七段の腕前だ。将棋のプロ棋士は、七段にもなれば、対局料がけっこう入るし、もし勝ち進めばさらにお金が入る。対局料の他に基本給もあり、対局がまったくなくてもある程度の生活費はもらえる桐谷さんが、バブル崩壊で一億円を損して、それから巻き返したといっても、一般の会社員とは一緒にしないほうがよい。

株主優待だけで暮らす――。

似たような話では主婦が、ポイントだけで生活費を稼ぐ、なんていうのもある。私もパーク24の株を持っていて、タイムズの駐車券を優待としてもらっている。とてもありがたく、「優待のある銘柄ばかりを買い、それで生活できるのではないか」と思ったこともある。

しかし、とっさに何かが欲しくなったり、不意に何かの遊びに熱中したくなったときに必要なのは「現金」であり、優待券はさほど役に立たない。

女遊びをしたくなっても、風俗の優待券がある銘柄もあるまい。実際に桐谷さんは独身で、寂しがっている節もある。

しかし、あなたがやりたいことがおおよそ決まっているのなら、株主優待はとても役に立ち、しかも生活費を浮かせることができるから、預金も貯まっていくことになる。

たとえば、積極的に旅行をしたいなら、ＪＡＬやＡＮＡの株を保有しておけば、飛行機の運賃が割引になる。飛行機を使った旅行が多い人にはありがたい。お米をくれる会社もあるから、食費も浮かせることができる。

列挙していくときりがないから話を変えていくが、**少ない株でそれなりに優待を与えてくれる銘柄を集中的に狙えば、かなり生活は楽になる。**

具体的にいうと、あなたの株を買う軍資金が五〇〇万円だとしたら、配当金を狙ったところで年間数万円にしかならない。お金持ちは配当金だけで数百万円から数千万円を得ているが、軍資金が五〇〇万円ではそれは不可能。ならば優待を狙うしかない。

ハウス食品は一〇〇株で一〇〇〇円相当の食品をくれる。これを預金感覚で買っておく。

こうして一〇〇株から買える、優待がいい銘柄を預金感覚で持っておくと、権利確定日から数カ月後にお中元やお歳暮が届くように、品物や何かの券があなたの元に届く。

それが食品なら、その日の食事代は浮いて、旅行の割引券なら旅費が安くなる。その積み重ねが、あなたの貯蓄を増やしていくという寸法になっている。

デメリットなど何もない。強いてあげれば、その買った株が下落したときに憂鬱になることくらいだ。「このまま倒産するんじゃないか」というくらいの下落もあるものだ。

しかし、私の経験でいえば、リーマンショックのような世界同時株安でも起こらなければ、安定した企業が大きく下がっていくことはない。東電やＪＡＬの例もあるが、東電の株を保有していた人は不運ともいえる。

桐谷さんのように、完全に株主優待だけで暮らす、と決めたなら下落も気にならないだろう。

お金持ちのお金が増えていく理由

さて、皆さんはお金持ちがどうして、お金が増えていくか知っているだろうか。

もう、感づいたと思う。そう、株で配当金と優待を受けているからである。

お金持ちで株を保有していない人などほとんどいない。仮に株を保有していないお金持ちがいたとしても、不動産をやっているか、債券などの別の投資をしているものだが、先進国において安定している大手企業の株を保有していないお金持ちはいないと断言したい。黙っていても配当金が入ってくる上に、保有数が増えればその企業に対する発言権も発生する。この**「お金持ちがさらにお金持ちになるシステム」を見逃す手はない。**

一方の貧乏な人はそれを見逃す。

私の知っている庶民の男たちは、「株の口座を開くのが怖い」とか、「買い方がわからない」といい、勉強すらしない体たらくである。

あるお金持ちが子どもを連れて遊園地に行ったとしよう。そのお金持ちはその遊園地の株を持っている。乗り物は無料か半額、というわけだ。だからお金を使わないで済む。一方の庶民は株を持っていないから遊園地で浪費。ますますお金がなくなる（ムカつくシステムだがね）。

しかも、お金持ちは配当金まで数百万円単位。

「ちょっと彼女にジュエリーでも買うか」と思ったら、ちょうど大手企業からの配当金が入ってきているという笑いが止まらない話になっている。

だから、**「お金持ちはお金が減らない」**のだ。

事業の経営に失敗しないかぎりは悠々自適の生活ができる。それもこれも優待と配当金のおかげなのである。

庶民は、「配当金をなくせ」「配当金にもっと税金をかけろ」と相変わらずお金持ちを攻撃している。しかし、配当金がなくなれば株を買ってもらえないので、このシステムがなくなることはない。

若いうちは「現金」を狙いにいけ

最後にいうが、本書は若い人たち向けの話である。

桐谷さんはもうお爺さんともいえる。若いなら、「現金」を狙ってほしい、というのが私の本音だ。**ハウス食品から優待品のカレーをもらっても、何の快楽もない。**私もタイムズの駐車無料券に喜んだが、正直、小さい話だと思っている。

優待など気にせず、上がりそうな株で勝負して現金を手にして、それで欲しいものを手に入れる。そのほうが器が大きく感じる。豪快ともいえる。

それを繰り返していたら、優待権利を得る権利日を通り越して、優待のある銘柄だったら黙っていても何かをくれる。優待がなければないでよいではないか。代わりに利益を出して売ればいいのだ。

現金ならなんでも買える。私は、銀座の一等地に土地を持つ三越の株を狙っていたら、権利日を通過して、優待をゲットしてしまった。もらったのは割引カード。妻がデパ地下の買い物で利用したり、催し物を無料で見に行ったりしていたが、私はどうでもよかった。

若いうちは、その程度の感覚で、株を買うのがいいのではないか。

誰かを「助けたい」と思う気持ちを強く持つ

■「父性」がある男は成功する

目の前に貧乏に苦しむ美少女がいたとしよう。

「美少女」ではピンと来なければ美女でもいい。

もし、三〇歳くらいの美女が貧乏な場合、その美女はほとんど何かがおかしい。美女なら、優秀な男をつかまえられるのに、それをしてこなかった。つまり、ダメ男好きなのである。

貧乏な男に恋をしたり、ＤＶ男が好きだったり、借金があるとわかっている男に接近したり、マザコンのパラサイトシングルと付き合ったり……。

彼女らは、お金を持った社会的に地位のある優秀な男が目の前にいても、その優秀な男は無視して、ダメな男のほうを好きになる。信じられないくらい頭のおかしい言葉を口にし、とにかく優秀な男のやる気を著しく萎えさせる。「人間のクズ」といえば男の代名詞だが、ダメ男を好きになる女も突き抜けて迷惑な人間だ。

どこかに書いたことがあるが、頑張って筋トレをしている男に、「私、ぽっちゃりしたお腹の男が好きなんだよね」というような女と同じだ。そんなことを口にする必要はないではないか。したがって、大人になった独身の美女なんか相手にしないほうがよいのだ。

もちろん、自立に失敗して反省しているとか、病気をしていたなど何かの事情があるなら別だ。

この決意が男を強くする

話を戻そう。美少女という表現を「ロリコン」と結びつけて差別する人が多いから、では、ＡＫＢ48グループの女の子を想像してほしい。

彼女たちくらいの年齢の女の子が貧乏に苦しんでいる。しかも、あなたの好みのルックスをしていた。

それを見て、「助けたい」と思うのは正常な男で、「父性」なるものがあるのだ。

父性がない男は、母親が好きすぎたため、マザコンが多く、どこか破綻《はたん》しているから、ここでは父性がない男は「正常ではない」としたい。

父性がある男は、目の前で弱っている愛しい人を助けたいと強く思う。

弱っている女性を助けたいと必死になる。

その決意が力に変わる。

その相手を間違えると、大きな損をしてしまうのだが、前述したようにダメ男が好きな美女を助けなければ、損失もそれほどのものにはならない。

若い女の子なら間違いないのか、と思った男性読者は多いと思う。失敗ももちろんあるが、女性は初めての男が基準になるのだ。

「実感になる」というやつだ。

初めて本気で好きになって結婚した男がDV男だったら、それが実感として体に染みつく。それを求めて、またDV男と付き合う、ということだ。

最初の男がお金持ちだったら、それが実感になって、その男が病死しても、次の彼氏もお金持ちとなる。

若い女の子にも、父親のせいで、男に対して間違った考えを持っている子は多いが、確率的にいって、結婚してない大人の美女は怖いではないか。

ある地方の町に、美少女がいたとする。彼女はその町のお金持ちから求婚殺到である。だから二〇歳くらいで結婚していく。それが普通で、美女が三〇歳になって独身でいたら疑わないといけない。何が損失になるのかって？　結婚した途端に離婚することがその最たる損失で、下手をすると慰謝料を取られてしまう。悪女であっても慰謝料を払うのは男だ。

だが、芸能界を見ても、四〇代の俳優と若い一般女性との結婚は長続きしているものだ。

必死に働くか、一発狙いの勝負に出るか

さて、目の前のかわいい女の子が貧乏で体力もない。就職活動は失敗して、バイト

が精一杯、というのを見たらどうするか。

あなたは必死に働くか、一発狙いの成功を目指すはずだ。緊急事態だったら、私なら昔取った杵柄《きねづか》で競馬の大穴勝負に出るだろう。

その決意とやる気のエネルギーがどんなに強烈なものか、わかっていただきたい。

そんな決意をしたことがないなら、あなたには父性がまったくないのか、命がけで守るほど好きになったことのある女の子がいないのである。

たとえば、広瀬すずが大好きだったとして、彼女と海外の秘境でばったり。ところが彼女は記憶を失っていて、お金もどこかに落としてしまっていた。「日本に帰りたい」と泣いたら、あなたはどうするか。自分の持ち金を全部彼女に与えて、自分は知らない国で行き倒れるはずだ。

そんな自分の中にある愛に満ちた力を感じたことがあるだろうか。

男はペニスだけの獣でもあるが、父性が愛に変化するのだ。

女性を助けることは、男の器を広げる

広瀬すずの例では極端で実感が湧かないと思うので、もっと身近にある出来事で話を進めたい。

人は「自分のため」だけに頑張るのには限界がある。

私は快楽主義者で、『一流の男をつくる才能と信念の磨き方』（三笠書房）という本では、「自分の快楽のために生きて、その結果、周りが楽しくなることを目指している」と書いているが、その「周り」がいないと快楽主義には限界がある。俗にいうとオナニーになってしまうのだ。漢字に直すと自慰。自分を慰める行為で、他者は関係しない。

だが、人は、誰かからの「ありがとう」という言葉や嬉し泣きの涙に感動するのであって、オナニーの小さなエクスタシーは感動ではない。

常に周りを見て、自分よりも弱っている人、困っている人に気を遣うことだ。

助けることができなくてもいい。私だって、人生をかけて助けられる女性は三人くらいだと限界を知っている。

会社の若い女の子が、ペンを失くして困っていたら、それを買ってあげる。微熱があったら、仕事を代わってあげる。

こういったことからはじめればいい。

下心があってもいいのだ。

下心があってもなくても結果は変わらない。

「そんな弱っている女の子を助けることによる優越感の話はあくどい」

と思った読者もいるだろうが、これは優越感にはならない。

なぜなら、女の子と大人の男は同じ土俵に立っているわけではないのだ。優越感は男同士、年齢が近いと胸のうちに現れるが、大人の男と女の子の関係にはそんな意識は存在しない。

女の子を助けることで自分の器がどんどん大きくなってくるのがわかり、お金を持つことが強くなることだとわかり、その男はきっと将来現れる、弱っている美少女のために、さらに成功を目指すようになる。

父性がない男はお金持ちになれない。

下心があってもおおいにけっこう

貧乏な人間がマナーを守らない話をよくするが、彼らは底辺にいるから、周りに気を遣わないのである。「お金のある奴らが俺たちに気を遣えよ」というわけだ。

底辺にいる者同士で助け合う、ということはあまりない。あるとすれば、大規模な自然災害などが起きたときに一時、助け合うことくらいである。それも日本だけで、海外では略奪やレイプが横行する。

底辺にいる者は、「俺が底辺だ」と主張するものだ。

そのため、弱っている美少女を助ける気もない。その美少女がちょっと割のいいバイトでもしていたら、その美少女が彼よりも強くなってしまう。たとえその美少女の給料が二〇万円しかなくても、だ。

貧乏なDV男と若い女の子の結婚は、その彼女を「結婚」という制度で助けたつもりになった男が、「結婚してやったから、今度はおまえが俺を助けろ。おまえが働け」と交換条件を考えている。

そして「俺は弱者だから、おまえが働くか、国に助けてもらう」という思考になっていて、とにかく、「助けて欲しい」の一点張り。自分が「彼女を助けてやる」という展開にはならない。最悪なのだが、そんな底辺にいる男にも父性があったら、その底辺で意気地なく生きていることはない。どこかでその卑小な世界から飛び出すものだ。

父性は、弱っている者を助けたいと願ったり、困っている人たちを気遣ったりする精神の一つだが、それがないと思う人は残念だがあきらめてほしい。

父性は本能ではなく、男なら誰でもどこかに隠されているものではないものはないのだ。

あなたが、困っている美少女を助ける気にならなかったら、あなたには父性がないのである。

私はコンビニでバイトをしている女子学生を全員、助けたいと思う男だ。

特に好みの女の子がいたら、その場で数百万円を渡してあげてもいいと思う。

もちろん、それだけでは甘やかしてしまうから、デートなりのお礼をしてもらいたいが、それは法律違反らしいので自重している。けっこうなジョークのつもりで書いたのだが笑えないだろうか？

とりあえず、あなたは困っている若い女の子に恋をしてみるといいだろう。

「俺が彼女を窮地から救ってみせる」

と思えるなら、あなたには父性とお金を稼ぐためのエネルギーがあるのだ。

そこに下心があっておおいにけっこう。

自慰よりも一〇〇倍マシだ。

美しい女性にお金をかける価値を知る

何があなたの才能を覚醒させるのか

性欲が強ければお金持ちになれる。

「英雄色を好む」という言葉は死語にされているが、それはいまの時代が、女性が嫌がる言葉を狩っているだけだ。

最近、草食系の男子やらが「彼女はいらない」「セックスは面倒くさい」といっているが、彼らがお金持ちになることは稀だろう。たとえば車が不要になるから、そのお金も必要なくなる。「お金を稼ぐ気概」がなくなるのだ。

先に結論をいうと、**あなたがお金持ちになりたければ「性欲」を高めることだ。**

これほどお金を稼ぐ力を高める方法はない。

歩荷《ぼっか》という仕事を知っているだろうか。

山小屋に荷物を運ぶ男たちの仕事である。たまに女性もいるが、荷物が半端なく重い上に、何時間も歩くため、男の肉体労働といえる。山小屋に荷物を運ぶため、彼らは麓《ふもと》の村に住んでいる。若い男子は奥さんもいなくて、長屋のような家に一人でいる。立派な仕事だ。

昔、ネパールの秘境でその村の生活を支える日本人の若者男性の特集をテレビで見たが、それと似ている生活状態である。

群馬県や長野県の山にも歩荷の男たちはいる。

村には若い女性はおらず、風俗店もない。雑誌を買いに行くのもかなり遠方だ。

車も持っておらず、狭くておんぼろの部屋にＡＶ機器がある様子もない。

テレビはあるだろうが、基本的に何もない質素な生活をしている。

「セックスはどうしているのだろうか？」という話だ。

これは南極の昭和基地に行く男たちの性処理はどうなっていたのか、という疑問と一緒だ。

彼らには性欲がなくなる。周囲に刺激物がないからだ。

若い女がいないだけではない。セックスを連想させる光景も少ない。ただ、美しい自然が取り囲んでいる。爽やかな風と、しとしと降る雨。透き通った青空。鳥の鳴き声。そして彼らは体にいいものを食べている。

男は四六時中、平穏に、なんの刺激もない状態に置かれると性欲をなくしてしまう。男の勃起は行動力と比例するのだ。

あなたが、もし、「一生、貧乏でいいから、欲望に苦しむことなく平穏に生きたい」と思っているなら、田舎で暮らすことをすすめる。

しかも、とんでもない田舎だ。学校がそれなりにあって若い女の子がいるような中途半端な田舎は、逆にセックスが乱れている。男たちが、若い女の子を取り合っているのである。

そうではなく、老人しかいない超田舎で自給自足か歩荷のような仕事をすることだ。バカにしているのではなく、それはそれで立派な生き方である。

歩荷の男たちは、「この仕事を誇りにしている」と真剣にいっている。

お金を稼ぎたいなら都会で暮らせ

本題はここからである。

では、逆の生活はどうなるか。

都会のど真ん中に住めば、周りは風俗店だらけ。女子高生はパンツを見せて歩いていて、徒歩五分で行けるコンビニで成人雑誌も買える。TSUTAYAに行けばアダルトビデオを借りられて、美少女ものからSMまでなんでも見られる。いまはダウンロードで済む時代だが、先程触れたネパールの山奥でネットはつながらないだろう。

都会ではあなたは常に勃起しているか、自然と勃起してしまう状況に置かれて、女が欲しくなる。田舎に住んでいて、あなたの大好きなアイドルがイベントでやってくることはない。しかし、それも都会では頻繁にある。

美女や好みの女性を手に入れたい欲求はあなたを奮い立たせる。純愛でそれも可能だが、才能のない男に惚れる女は、過去に才能のある男（または父親）に傷つけられたトラウマがある女しかいない。貧乏なあなたに惚れた女性がいたら、あなたが優秀ではない証拠ともいえる。それが悔しいなら、才能の片鱗を見せるべきだ。**都会でお金がない地獄を味わえば才能は覚醒する。**地獄とはここでは好きな女性とデートが出来ない地獄だ。

「ＡＶで射精できれば満足」

と思ったあなた。**それはＡＶが安いからだ。**完全な錯覚である。

私は風俗は嫌いだが、楽しいらしい。そしてお金がなくなるらしい。楽しいことにお金がかかれば、お金を稼ごうと躍起になる。それで才能が開花するか、行動力が出てくるわけで、ちょっとした鬱も改善する。

彼女をつくったとして、デートの費用も必要になる。彼女が、「ドライブに行きたい」といったら、車の購入も検討しないといけない。まさか、「車が欲しいっていう女は嫌だ」と思うのだろうか。軽自動車で我慢してほしいと彼女に頼むとしたら、まさに本末転倒。軽自動車で妥協している男が、お金を稼ぐことなどできないだろう。

少しでも人生を有利にするために

あなたに預金が何千万円かあれば、好きな女性から「車でデートしたいから、車を買ってよ」といわれても、「いいよ」と笑っていられる。

預金が二〇〇万円しかなかったら、「車なんて欲しがる女は嫌だ」となって、たったそれだけのことで、価値のある美女や、優秀な男を好む「まともな」女性を逃してしまうかもしれないのだ。

お金をかけなくてもセックスをさせてくれる女性もいる。

その場合も、あなたが作家や画家、そう何か特別な才能を発揮していて、まだそれが認められていない時期に、その才能の片鱗に対して彼女が体を差し出すわけで、青雲の志もない男とセックスする女は頭がおかしい。

さて、美しい女にはお金をかける価値があって、それをすでに財力を得ているお金持ちの男たちは知っている。

あなたがいま、お金持ちではなくても、美女を求めていけばそれがわかる。

さらにお金持ちになったら、もっとわかることがある。

美女はお金で手に入るということだが、別項でも述べたように、超有名女優が手に入るというわけではなく、だけど女優のような美女はいっぱいいる。

美女を抱いたら、それがどんなに感動的なことか、または奇跡的なことか、あなたは実感するはずだ。

男という生き物は、自分が世界一偉いと自惚《うぬぼ》れているエリートと女性差別主義者以外は、そんなに自分が偉いとは思っていない。

まともな男は、美女がシャワーを浴びて、セックスの準備をしていると、「なんであんな美人が、俺と寝るのだろうか」と謙遜するのだ。その驚きというか感動は言葉でいい表すことはできない。あなたも体験してみるといいだろう。

それを経験すると、また美女が欲しくなる。

そのために、美女と偶然出会うことを待っている男はいない。私は新刊が出るたびにＹｏｕＴｕｂｅにインタビュー動画を投稿しているが、聞き手の女性は美女ばかり。私が探してきて頼んでいるのだ。部屋でこもっていても、彼女たちはやってこない

（聞き手の彼女たちと付き合うわけではないので誤解しないように）。

あこがれの美女と出会いたければ少しでもその確率を高めるために、お金を稼ごうと決意する。下品なお金持ちでは清楚な美女は寄ってこないから、品格のある仕事で頑張る。

車はポルシェやベンツ、レクサスにしたくなる。

高級マンションが欲しくなる。

とにかく愚痴はいうな

こらえきれない性欲の高まりは、お金で早期に解決できるのだ。

だから、お金を稼ぎたい男は都会のど真ん中で暮らすのがいいのである。

先天的に精力が弱い男でも、美しい女にまるで無関心というわけではないだろう。

一生に一度やってくる純愛を求めるなら、山小屋にふらっと訪れた、都会に疲れた女性と結婚し、村で暮らすのがいいだろう。それをバカにしているのではない。いいことだと思う。純愛は優しい子どもを育てる。

そもそも、都会のど真ん中で暮らしているカップルに純愛なんかない。

都会にいるのは、淫乱な女と付き合っている男と、高級マンションで贅沢をしながらセックス契約をしている欲にまみれたカップルばかりだ。それもその男女が疲れ果てた末の生活なら、それほど悪徳ではない。

歩荷のような仕事は珍しく、やりたがる男は少ない。だが彼らがいないと山小屋は潰れてしまう。そんな特殊な仕事に身を投じる人たちは、「愚痴」などいわないから尊敬されるべきだ。

お金持ちで贅沢をしている都会の男たちも、愚痴はいわない。楽しいのだから。双方、存在価値がある。

最低なのは、都会にいながら消費もせず、突出した仕事などやる気がない女性化した男とその彼女で、清貧だから純愛に見えるが、純愛ではない証拠に、男は、彼女に媚びているだけなのである。愛ではない。「軽自動車でいい？　家事を手伝うからさ」という媚びである。

年に一回、男として勝負に出る

ギャンブルでわかる男の本質

お金を持つことの重みと責任を感じるためにも、

「男として年に一回は勝負に出る」

ということをおすすめする。

私は先日ラスベガスのカジノに行ってきた。ラスベガスで勝負しようと思ったら、日本円で最低一〇万円が必要になる。

レートが一〇ドルからだから、続けて負けるとすぐに数万円はなくなってしまう。

たとえば、ラスベガスに二泊したとして、一泊目でキャッシュがなくなったら、みずほ銀行もりそな銀行もないわけで、VISAカードでキャッシングするしか手はなくなってしまう。それで勝てるほどギャンブルは甘くない。

借りた金はダメだ。心に余裕がないとギャンブルには勝てないのだ。

それはギャンブルだけではなく、株式投資なども同様だ。

「最後のお金で勝負して勝った」なんて奇跡で、「まだ、五万円残っている」と気楽に思えるときに勝負すれば勝てるのである。**ギャンブルほど、冷静さを求められる遊びはない。**ちょっと熱くなったら終わり。変な欲を出してもダメで、リラックスして体調も万全にして、完璧な状態で臨まないといけない。

カジノに一度行ってみろ

さて、スロットで大当たりを出している映像をよく見るが、日本のパチンコのように簡単に大当たりは続かない。ラスベガスの空港でスロットが大当たりして止まらなくなり、飛行機に乗れなくなったという笑い話があるが、そんなことは滅多にないだろう。

英語が達者な人は、カードでも勝負できると思うが、ディーラーが異常に強いブラックジャックは避けたほうが無難だ。

おすすめはルーレット。

0から36まである賭けたい数字にチップを置き、ディーラーが投じる球がその番号に来たら当たり。たとえば、28と29の間にチップを置けば、どちらかの数字が来たら当たりだ。赤か黒のように確率の高い賭け方もできる。

ディーラーと一対一では、まず勝てない。

ディーラーは、ある程度、球を落とすだろう。一人の客が、大きく勝負をしたら、それと正反対の数字が集まる場所に球が落ちるシーンを嫌というほど見てきた。

したがって、他の客が座っているとき、ディーラー対客三人くらいで勝負することが必須だ。ディーラーの表情もよく見ることだ。イライラしているディーラーは勝たせてくれない。交代の時間が来ても、次のディーラーが来なかったりすると、とても怒っていて、そのときに大勝ちしている客を見ない。

私が勝ったときは、ディーラーが日系人で、「そんな賭け方では勝てないよ」と英語で教えてくれた。とても珍しいことで、その後、勝たせてくれたものだ。

その賭け方だが、「ちらせ」といっていた。三倍の所に二カ所。ストレートで勝負するときも、保険で赤と黒に置いたりするように、という当たり前の話である。

当たり前だが、熱くなってくるとそれができない。だから、迷ったら「パス」することもすすめる。それも客が数人いないとできないから、絶対に一対一ではやってはいけない。

また、大勝負をして勝っている男はプロ級で、その男に乗るのも悪くない。

しかし、そんな男でも連勝は難しく、男が三回続けて勝ったあとに、また大きく勝負をしてきたら、その数字と対極にあるような数字に賭けるのもいいと思う。ディーラーは、負けているあなたのほうに球を落とそうとするはずだ。あくまでも私のカンの話だ。

一度、お金持ちの女の子がやってきた。父親のお金か愛人をやっている彼氏のお金か知らないが、ポンと黒に一〇〇ドルのチップを置いた。しかも無表情。それに勝ったら、また同じ黒に一〇〇ドル。また勝って、また黒に一〇〇ドル置いた。私はそれを見て、赤のほうで勝負をしたら、赤が来た。ディーラーもその女の子に「ふざけるな」と思ったのだろう。彼女はそれを見て、不機嫌になっていなくなった。世間知らずの、典型的なお金持ちのお嬢さんだと思う。笑ってしまった。

また、0と00があるが、確率的には滅多に来ないはずなのにけっこう来る。これもディーラーが、「たまには出すため」に球を投げ入れているからで、これまでの出目が表示されているから、それを見て、しばらく0と00が来ていなかったら、そこに少額賭けてみることをすすめる。その際も、保険として三倍くらいの数字に賭けておかないといけない。

カジノの本場はラスベガスだが、乗り換えと入国審査を含めると、日本から飛行機で約一五時間かかる。ちょっと遠いので、飛行機で四時間くらいのマカオで勝負するのもいいだろう。

勝負すれば、お金がなくなる恐怖を味わえる。
恐怖を味わえば、日頃のお金の使い方も変わってくる。

大王製紙前会長の井川意高《いかわもとたか》のように何十億も失っては元も子もないが、その「非日常」をどれだけ経験するかで、男の器は変わってくる。

読者からのQ&A 2

Q

三二歳独身・男です。同い年の友人が年収一〇〇〇万円を超えました。自分はいまだに年収三〇〇万円ほどです。転職してもっと稼げる会社に行ったほうがいいでしょうか。それとも、今の会社にしがみついて頑張ったほうがいいでしょうか。

A

人には必ず才能があって、それをどう生かすかが人生の分かれ目だ。そんなに友人と差があるなら、あなたにはいまの仕事の才能がないか、努力を怠っているとしか思えない。たとえば、私の本がまったく売れないとして、なのに本を出すことにしがみついていて、自費出版をしていてもそれは努力ではないし、美談でもないし、周囲も褒めない。「転職するかしないか?」、そんなことは、私にはわからない。君の生活環境も知らないし、あなたの才能のありなしもわからない。とにかく、あなたとその友人の年収の差が何から生じているのかをよく考え、動くことだ。

3章

女はこの魅力がある男に近づきたがる

余裕を見せる男になる

モテる男の絶対条件

優越感というのは、それを自慢しなければけっして悪ではない。

しかし、この国では残念ながら、理解してもらえない。

私はアマゾンで、「自慢ばかり書いている」と、いっぱい批判されている。前置きで、「自慢話になってしまって申し訳ない」とか、「これは自慢話ではなく例として私の話を聞いてほしい」と書いているのに、怒られてばかりだ。

恋愛でうまくいった話、まとまったお金を得たことが何回かあった話は、どんな理由があっても、たとえ謝罪しながら語っても、それは批判、中傷の標的になってしまうのがこの国の常識で、それくらい貧乏な人は劣等感の塊。文章も斜め読みしかしない人間ばかりなのである。

たとえばあなたの年収が一五〇〇万円だったとしよう。それは自慢するほどではない。私も年収は一〇〇〇万円から四〇〇〇万円。年によってバラつきがある。車は何に乗っているのか、と訊かれるから「ＢＭＷを買った」とファンに報告すると、それを知った、私を嫌う男たちが一斉攻撃を開始するという仕組みになっている。

しかし、それはブログやツイッター上での話。

バーで女性から、「車は何に乗っているの?」と訊かれて、あなたはどう答えるか。間違っても自慢げに喋ってはいけない。ネットとは違うが、それでも慎重にならないといけないのが、「お金がある話」である。

車なら、車種をいわずに、「安いベンツです」と答えるのがベストだ。

「靴はフェラガモだけど、意を決して買いました。年収? 一五〇〇万円くらいだけど、僕は高卒だし、これ以上はどうかな」と笑って話せば、女性はとてもあなたに好感を持つ。

余裕が見えるからだ。

余裕を醸し出す癖をつけていれば、実際に余裕がある生活になる。それによって、器が大きくなる。

女性はそんな男の器に惚れると思う。

実は貧乏でも危機感がなく、あっけらかんと生活している男は、女性から信用されることが多い。

余裕が感じられるからだ。

だからといって、貧乏になることをすすめる本ではないから誤解してもらっては困るが、それくらい男は、どんと構えていたり、余裕で語っていたりすると大きく見えるのである。

小さな男のまま一生を終えるのか?

女性から好かれて、「抱いてください」といわれるのが男の本懐。

女性を嫌った成功者など存在しない。エルトン・ジョンのようなゲイは例外だが、例外にいちいち突っ込んでくる男は、器が小さいのだ。

成功者は、女性たちに好かれるから女性を嫌わない。たまに、成功者のお金を盗んでいく女がいるが、それすらも「当然」という解釈を彼らはしていて、器が大きい。女が男のお金を取るのは歴史的に見ても当たり前だ。

私も、五〇万円取られたことがあった。詐欺である。

それも、「社会勉強になった」と思っているだけで、彼女を探すつもりはない。税理士に、「これは経費にならんか」といって笑われた。まあ、彼女には自首してほしいがね。

しかし、年収三〇〇万円以下の男がお金を取られたら、それはそれは大騒ぎである。

その焦りや危機感や狼狽《ろうばい》っぷりが、女性から見て魅力がない。

三〇代で年収一〇〇〇万円強。四〇代で二〇〇〇万円前後。

それくらいにして、女性から好意、好感を持たれる人生になる。

成功者の気持ちもわかるし、女性がどんなにいいものかもわかる。また、浮気の仕組みもわかる。浮気は自発的でなくてもしてしまうことが多いのだ。つまり女性から誘われるわけだ。あなたも浮気の経験をすれば、浮気している芸能人を叩くこともなくなる。

お金をある程度持たないと、男として小さくまとまるばかりで、何も語れないのだ。

ではお金を持つとどうなるのか。妻以外の女性からも声がかかるようになる。それを、「浮気」という人もいる。

たしかに、浮気は悪徳である。

しかし、それは自発的に頑張ってするからであって、まるでモテない男が妻に隠れて必死に女遊びをしているから、「悪徳」になるのだ。

こちらは口説く気もないのに、向こうから寄ってきたら、それは悪徳ではない。

優秀な妻は、夫がモテることに激怒したりしない

大人の女性の目から魅力的に映る男は、例外なくお金を持っている。

昔、貧乏で自虐的なマザコン男が、グラビアアイドルと付き合っているのを見て、失意のどん底に突き落とされたこともあるが、彼女は一九歳だった。男の才能や実力

を見抜けない年齢だ。

しかし、女性もお金で苦労してくると、ある程度はお金を持っている男に価値があるとわかってくる。

「俺は妻以外の女には興味がない」という男でも、自然と女性が近寄ってきて、それが美女だったら悪い気はしないはず。その悪い気がしないいい気分、つまり**「優越感」がますます生活を充実させる。**

「浮気がばれたら生活は不安定になる」

と、抗議のメールが来そうだが、そもそも、優秀な旦那がモテることに腹を立てる妻は、妻失格。ある程度は大目に見ないといけない。

モテる男は、それがまぐれで一回だけモテた場合は、その通りまぐれだが、**二回、三回……一〇回と言い寄られる場合は、その男が優秀なのだ。**妻が、夫がモテることに反対したら、「無能になってほしい」といっているのと同じなのである。わかりやすい。

私のアンチは、私が女性に好かれることを、「おまえの金が目当てだ」と、さかんに攻撃を繰り返してくるが、そんな負け惜しみもないもので、貧乏な男と喜んで付き合う女性は、男を知らない〝純文学少女〟みたいな女子と相場が決まっている。たまに、美人女優が無名の男と結婚するが、それでも、その男が会社員というわけではなく、何かのアーティストで才能があるものだ。

すなわち、美人で頭のいい子は、若い子を除いては、才能のある男かお金を持っている男としか付き合わず、その両方があれば、たとえ妻子がいても、会いたいといってくるのである。

ちなみに、エリートでもないのにお金を持っている男は、才能一本で成り上がってきているもので、女性はその迫力に圧倒されて、その男に惚れる。エリートの男に惚れる女性は経歴を見ているが、**成り上がってきた男に惚れる女性は、その男の可能性を見ている。**

いまの時代の女性の平均年収は二八〇万円くらい。なので、男たちの年収が三〇〇〇万円でないとダメなわけではなく、一〇〇〇万円くらいでも十分、尊敬されることになる。

ただしそれは、あなたが四〇歳以下の場合だ。

五〇歳なら、一五〇〇万円弱はないと、それほど女性の琴線には触れない。

まずは年収を一〇〇〇万円以上にしなくては話にならない。

ではどうすればいいのか。

別項で述べていくが、あなたも真剣に考えることから逃げないでほしい。

お金があってもモテない男

大富豪でも嫌われる男は嫌われる

先ほど、お金を持つと妻以外の女性からも声がかかるようになると話したが、大富豪になったからといって、必ずしも好きな女性が手に入るわけではない。

お金を持ったら、お金のない女性に、男の力を大いに誇示すればいい。ただし上品にだ。それに対して、相手が、「その態度は女をバカにしている。お金持ちになったからっていい気になるな」という場合、それはその女性が生理的にその男を嫌いなだけで、お金は関係ないのだ。

職場でも同じことがいえる。

職場が徹底した男女平等だからトラブルになるのではなく、単純に、あなたのことが「好きか嫌いか」というだけの話だ。

「今日はきれいだね」

といったら、セクハラになるらしいが、そんな表現の自由を抑え込まれたバカげた話が横行しているなんて、私だったらそんな職場は、一瞬で去る。

福山雅治のファンが集まった職場に、彼が臨時社員で働きにきたとする。「今日の君のスカートはとてもかわいいね。足がきれいだ」と彼がいったとして、それに「女性差別だ。セクハラだ」と怒る女子社員がいるはずがないでしょう?

福山雅治をお金に置き換えて考えてみよう。

女性はとてもお金が好きだ。産業革命以来ずっとだ。

男よりも執着している部分もある。

正確にいうと、**男は「億万長者になりたい」と願い、女は「安定したお金がほしい」と願う。**女性は数億円ではなく、預金が一〇〇〇万円もあれば安心、というわけだ。

そもそも女性は、非現実的なことはあまりいわない。男が日々働きながら「何千万円欲しい」と願う一方で、**女性は「その日のお金のこと」を心配する。**そのお金がなくなれば、「お金ちょうだい」といって、日々必要な小遣いを要求してくる。

そんな女性にとって、安定を感じる金額というのが明確にあって、それが手に入る可能性のある男には頼りたいと思う。それはけっして悪徳ではないし、「女が負けた」のでもない。**勝ち負けを意識した男女の恋愛などない。**

まだまだ男性社会のため、現実にお金がない女の子は多い。

お金の世界では、「男女平等」「男と女は対等」なんて「無」に等しい。

という話に展開していくわけだ。ユング派の偉い心理学者が論じたら叱られないが、私のような一介のエッセイストが話すと非難されてしまうだろう。が、仕事なので続けさせてもらう。

お金で手に入るのは、一回のセックスだけ

では、「お金持ちになっても欲しい女性が手に入るわけではない」というこの項は

何をいいたいのか。

堀江貴文が、「お金があればなんでも手に入る」といっていた。若者たちに影響力を持つ人だから、本書の読者に釘を刺しておくが、どんなに大金持ちになっても、手に入らないものはある。

あなたの大好きな女性はお金では手に入らない、という話である。

あなたがいま、大好きな女性が手に入らないのは、あなたにお金がないからではない。その女の子に嫌われているか、まったく趣味や思想が合わないか、そういった女の子が芸能人だったりして、そもそも出会えないのである。

それは、ロトで三億円当たっても解決できる問題ではない。

だが、仮に、一回セックスしたことが手に入れたことだとすれば、話は少し軟化してくる。

あなたのことを嫌いな女の子が、「わかった。五〇〇万円で一回だけやらせてあげる」というかもしれない。お金があると、セックスの交渉ができないことはないのだ。

しかし、「結婚してあげる」とはならない。

お金で手に入るのは一回のセックスだけであり、ずっとずっと続く「甘い生活」を買えるわけではない。

女性は、お金と愛を切り離しているからだ。

「金の切れ目が縁の切れ目」というが、男のお金のなくし方に激怒するのであって、「頑張ったけどダメだった」とか、仕方ない破産の場合、愛は続いていく。それが女性の優しいところだ。

無論、お金があるに越したことはない。

貧乏な男とお金のある男に同時に求婚されて、どちらも好きだったら、お金のあるほうと結婚するだろう。だからお金持ちになったほうがよい、と私はいっているのであって、お金持ちになっても、彼女があなたを嫌いだったら結婚することはできない。それはもしかするとあなたが下品なお金持ちだからかもしれない。

お金で手にできる女性、できない女性

他にも手に入らない女性はいっぱいいる。

法的に不可能な女性もいれば、絶対に出会えない女性もいる。

「僕がお金持ちになったら、広瀬すずと結婚できるだろうか」

と思っている男の子はいないと思うが、「できませんよ」という話である。

しかし、お金持ちになった男は強者だ。**お金のない女の子をお金で手にすることが可能だ。**私はわざと過激にものをいっている。嫌われたくないが本書は特別だ。とても不道徳な話だが、それは現実であって、私はきれいごとはいわない。

無論、「手に入れること＝セックス一回」という前提である。援助交際もそうなのでしょう。

その大金を介したセックスが、男女平等の世界だと思いますか。

ひどく男が上位で、女性をモノ扱い。しかも、それを多くの女性が歴史的に見ても容認している。

そして、そのお金を介したセックスが、世の中ではまだまだまかり通っている。そのことで、「女性差別だ」と、セックスのときに怒る女性はいないということ。心の奥底で感じていたとしても、それを重要視することもない。

男女平等を唱える大人たちは、あまりにもそれを重要視しているが、「すべてのセックスは愛」と信じているはずもなく、好感度を上げたいのだろう。

ってほしい。

男女平等——。

男と女は対等の時代と、うるさい人たちは、セックスの現場を見てからものをいってほしい。

「私たちは職場の話をしている」と怒ってきそうだが、ほとんどの男女平等論者は、職場の話から恋愛論まで一緒くたにしているものだ。女性社員のコピー取りに反対する話から、デートのときの食事の割り勘の問題までが連続性を持って論じられていく。話にならない。

女子高生と、それに群がる大人たちの世界だけではなく、大人同士でも、「○万円でやらせてあげる」という言葉は、今夜も日本中で交わされている。その言葉がなくても、暗黙の了解もあるでしょう。

お金を積まれて買われたほうが「弱者」

企業の買収でもそうだし、雇用されている人たちもそうだ。

男の財力によって、その男と付き合っている女性も、その男よりも弱い。「女が強い」というのは、長生きするからだ。

しかし、瞬発力があるわけではない。瞬発力とは一瞬の力である。男には腕力も含めた一瞬の力がある。

もちろん、持続性を持った強い女性もいる。もし、すごい美女が、大金を要求していけば、その女のほうが男よりも強者ともいえるし、男がマゾヒストだったら見下している部分もあるはずだ。

「私を抱きたければ、あと一〇〇万円。それでこんなに若くてきれいな女を抱けるんだから安いものでしょ」

と、お金持ちのおじさんに要求している女もいるだろう。こんな汚い言葉は使わずに、やんわりと交渉している女もいるはずだ。

そんなセックスにおける交渉を男女の対等な世界とはいわないだろう。

ほとんどが一方的になるからである。

お金持ちの男が断然強いか、美女が強いか、となる。

男女平等などストレスになるだけ

お金で結婚は買えない――。

そう諭《さと》したが、そうではない世界もある。

その男がある程度の好みであれば、女性が「この人はお金持ち。この人と結婚しよう」と考えることも多い。

しかしその女性が、「お金持ちの彼と結婚して、わがまま放題暮らそう」とは考えない。「贅沢させてもらう以上、彼に尽くそう」と思うだろう。

その場合、尽くし方にもよるが、女性は一歩か二歩下がる。それを女性を差別しているとはいえない。

男女平等。

男と女は対等。

私にとってそんなことはどうでもよい。

その問題が私の生活に発生してくる時間も皆無。

それのなんと気楽で、楽しいことか。

ゴルフで、男は池越えなのに、女性は池の横から打つというホールがあった。私は女の子に、「おい。いまの時代、男女は平等なんだろう。男と同じところから打てよ」と、ふざけた言葉を投じた。

「やだよ。私、女の子だもん。ハンデをもらって当然だよ」と彼女は笑った。

それともあなたは、「私も同じティーから打つ。男には絶対負けない」と真顔でいう女性がいいだろうか。

「割り勘」は、男の屈辱

女性の本音をわかっているか

いまどき、「男がお金を出さないといけない」なんて書くと、「時代錯誤のオヤジ」とネットに書かれてしまうが、それを書くのはほとんどがフェミニズムに染まった頭の悪い女で、二〇代の女の子たちが、「割り勘」に大喜びしている事実なんかどこにもない。

お金とは、もらうと嬉しい。だが渡すのは、余程の財力がないと厳しい。

だから、お金をあまり持っていない女の子が割り勘で喜ぶという話はなく、「男女は対等。割り勘にしましょう」と流行に従って口にする女性は、そのときには見栄を張っているが、小遣いが減って帰宅したら、がっくりしているものだ。

中にはこんなことをあとで思っている女性もいるそうだ。

「こっちが割り勘でいいといっても、『俺が出す』っていえよ……」

二〇歳の女の子が私に教えてくれた話だ。

割り勘にして満足して帰っても、その男は悪口をいわれているということだ。


以前、キャビンアテンダントの美女と食事をした。

とんでもない美女だ。女優になれるくらいの女性だった。

一軒目の食事は私が払った。二軒目にバーに行ったら、「食事は里中さんが出してくれたから、ここは私が出す」といわれた。あまり経験のないことだったのだが、彼女の勢いに押されてその通りに従った。いま思えば、とても恥ずかしかった。

店の人が、「この男はいい大人なのに、女性に出してもらっている。お金がないのか」と思うのではないかと思い、焦ってしまったのだ。

この場合は、私がお金がなかったのではなく、彼女の善意だが、**本当にお金がなくて、男が女性に払ってもらうことほど恥ずかしいことはない。**

その、肩が縮こまってしまうくらいの恥ずかしさが、「割り勘の時代だ」と喚《わめ》いている男たちにはないのか。

それは、致命的な後退だ。

ただの弱化。ただの甘え。男からの退化。

さらにいうなら能なし。時代の傾向、流行がなんでも正しいと信じている。たまたま食事をしたフェミニストの女が「絶対に割り勘にしないといけない」というなら私も割り勘にしよう。それで彼女たちは大満足なのだから。

だけど、フェミニズムの教育をいくら受けていてもお金がないものはなくて、「奢ってもらいたい」と思っているそんな**女の子と割り勘にしている男は、男失格というよりも、相手の気持ちがわからない**のだと思う。

女性が飲み屋でする話など、恋愛や仕事のことが中心と決まっている。彼女の仕事の話を聞いたら、給料が安いこともわかる。なのに、「割り勘にしよう」とはどういうイジメだろうか。

私のその言い分が時代錯誤というなら、あなたは、いまの時代に希望があるとでもいうのか。

貧乏な女の子と割り勘にして、「今月の小遣いがなくなった」と嘆いている男とのデートに希望が見えるなら教えてほしいものだ。

なるほど、「割り勘OKのこの子なら、結婚したら共働きをしてくれる」という希望が男側にあるのか。いやや、大変、失礼をした。そういう時代だったんだ。では、私の出る幕はないようだ。

貧乏な男は自分のためだけにお金を使うが——

お金持ちは、女性に支払いをさせない。させるとすれば特別な場合で、それはさっき書いた。

お金持ちは、お金をなんのために使うのか。

- **社会のためにお金を使う**
- **事業を拡大させるためにお金を使う**
- **女性を楽しませるため、養うためにお金を使う**

ここが貧乏な人との決定的な違いだ。

男の器が違う。

貧乏な人は自分のためにお金を使い、お金持ちは世の中や人のためにお金を使う。

もちろん、お金持ちも自分の快楽のために高級車を買ったりするが、それを一台買ったところでまだお金はいっぱい余っている。

そのお金をどうするか考えながら、その男の器はどんどん大きくなっていく。そして女性を選ぶときに、「食事は割り勘ですよ」というフェミニストは敬遠する。無論、お金持ちの中にも、そんないまどきの女性が好きな人もいて、お金があるのにフィフティーフィフティーにしているカップルもいるだろう。

しかし、現実として日本には、男のように才能があり、年収が数千万円という女性はそんなにいない。男が皆、才能があるというのではないが、男性社会だから男のほうが才能を発揮しやすいということだ。

よほど、知力、体力がある女性でないかぎり、いくら頑張ったところで限界があることをわかっている。**女性たちは、「割り勘だよ」という男に希望は持たない。**

年収一〇〇〇万～二〇〇〇万円の準富裕層くらいの男に憧れている。

準富裕層も含めたお金持ちたちは、女性にお金を使いたい。何度もいうがそうではない男もいるだろう。しかし美女に価値があると思っているなら、余ったお金は女性に使う。その**お金持ちの男たちが本気を出したら、街のかわいい女の子など全員、根こそぎ持っていかれる。**それくらい、お金のある男にはオーラがあって、男気があって器も大きい。それを見た女の子は驚愕するだろう。繰り返しいうが、下品なお金持ちの話ではない。

貧乏な男と付き合う女の子は、お金持ちと出会ったことがないか、社会勉強不足だといえる。そして、お金がなく苦しいときに、お金持ちに助けてもらったこともないのだ。

「働くことが生きがい」といっている女の子でさえ、その仕事が六〇歳までできるとは考えていない。どこかで女を捨てるか、男に頼るしかないとわかっている。口に出さないだけだ。

日本の女性の希望を奪っているのは男たちだ

いま、日本は希望がない国といわれている。

だが、希望がないのは圧倒的に女性たちで、その希望を奪っているのは男たちだ。私の話を時代錯誤とネットに書いているだけで、なんの力もない男だ。おまえが、女の子たちから希望を奪っている。

「くだらない。お金持ちになるのがそんなに希望のあることなのか」

そうだ。希望とは明るい未来のことをいうのだ。

ずっと貧乏の夫婦に明るい未来などない。

共働きでもよい、という希望を女の子からもらっている男たちは猛省してほしい。あなたたちは女の子から希望を奪っている。

日本は福祉国家を目指しているのではない。これからも男性有利の格差社会だ。

まずは、女性と割り勘にしなくても済むくらいの年収にすることだ。

私はなにも億万長者になれといっているのではない。年収一〇〇〇万～二〇〇〇万円の準富裕層を目指してほしい。

男をお金持ちにする女、貧乏にする女

物欲がお金を生む

「女の自立」という奇妙な言葉がある。

本来、人間の自立とは、親から離れて独り立ちすることをいっていた記憶があるが、女性の場合、親から自立するだけでは済まないようだ。

美貌を磨き続ける、自尊心を持つ、など、いい話もいっぱいあるのだが、やはり、「お金持ちの男はダメだ」という話も多い。お金持ちと結婚すると、自立ではなくなるらしい。

先にいうが、**自立とは「信念」を持つことであり、本来は周囲の環境がどうなって**

も関係ない。なんか勘違いしていないか。

ある文献に、「女の自立とは、お金のない男を一流の男に育てる」とあった。もちろんそれは悪でもなく素晴らしい生き方なのだが、読めば読むほど、「完璧主義」をすすめているだけだ。女性が自立するために必要な項目数を見れば一目瞭然で、あれを全部やろうとすれば、それこそ一人では不可能だ。

しかし、男からの金銭面での助けは、「女の自立の妨げ」になるらしい。ならば、「女の自立」とは疲れる人生を目指すことをいうのだと断言してもいい。

「男性の愛情は必要です」と反論する人もいると思うが、「女性にとって恋愛がすべてではない。仕事と趣味を大事にしなさい」という、その愛情が希薄に見える話に、どこの男が感激して、その女性に愛情を捧げるのか。

「かわいいお婆ちゃんになって、あなたと庭でお茶をしたい」という女性なら、男はいろんな面で頑張ろうと思う。その女性の想いは、「一生恋愛に生きたい」というものだと思うが、それを真っ向否定するのが、「女の自立」だから話にならない。

「女の自立ほど寂しいものはない」と、ある重鎮の作家さんがいっていたが、その言葉が理解できる女性は少ない時代だといえる。

「恋愛こそが女の幸せ」という古くから決まっている真実を貫きつつ、いまの社会に必要なモノを欲しがる女性が一番、あなたを奮起させるのである。

清貧なお金のない女の子を一時、男の力で救うのはいいが、その女の子が清貧な生活しか許さないなら、たとえ恋愛至上主義でもダメだ。いまは戦後間もない頃のモノが失われていた時代ではない。

物欲がお金を生むのに、男女双方にその欲がなかったら、話にならない。

最低限の暮らしでは、トラブルに対応できない

「生活できる範囲のお金があって、好きな人と一緒にいる人生も幸せで、それを貧乏というのはおかしいし、バカにする権利はない」

という声が聞こえそうだが、では物欲があまりなく、月二五万円の生活で幸せな夫婦がいたとしよう。

それが一生続くと思っているのだろうか。

子どもの教育費も一切かからず、その子どもが、「DSが欲しい」ともいわず、「友達のお父さんはレクサスに乗っているけど、うちは軽だね」という暴言も吐かず、家族の誰も大病をしない。そんな生活が一生続くことはまずない。

物欲といっても、私は「ベンツとポルシェを持って、銀座の高級クラブで女遊びをしろ」といっているのではない。蕎麦屋の話でもわかるように、**いまより少しでも上の暮らしを目指していけ、**といっているのだ。

最低限の暮らしを確保する生き方は、トラブルに弱いのである。家族が急病で倒れるかもしれない。

だが**普段から物欲があれば、お金を増やすから、結果、高級車を買おうとしているそのお金をトラブルに回すことができる**のだ。

男を燃えさせる女性のこんな一言

さて、ここからが本題である。

「いまから本題か」って?

そうだ。私の話は序文が長い。それくらい、世の中は矛盾が多く、それを質《ただ》すのに時間がかかる。

男の物欲は、頂点を見てしまうと萎えることがある。「燃え尽き症候群」というのもあるように、目標を達成したら、一時、欲がなくなることがある。

仮に頂点をポルシェ911を所有することだとしよう。

まさか、南の島を買うことや世界の大富豪になることを頂点の例題にはできまい。

男は、頂点を見てしまうと、「もうそれはいらない」と思う性質を持っている。燃え尽き症候群もそうだが、わかりやすくいうと射精と同じだ。射精すると目の前の美女も一時、必要としなくなる。ひどい男なら、「帰ってくれ」ということもあるが、男の本能というのは、ある種の頂点を手に入れると萎えてしまうようにできているのだ。

実は、私も女性に関しては萎えている。「もういらない」と。

さまざまな恋愛を経験した結果、恋愛に関して冷めてしまい、女性に使うお金が激減した。なのに、その分、収入が増えているわけでも預金が増えているわけでもなく、どちらも尻すぼみである。

車もそう。ＢＭＷのクーペ、ＳＵＶ、オープンカー、ボルボに乗って、「もう、車はやめた」と思った。それでよかったことは、自動車税が減ったことだけだ。

萎えたものは萎えたのだ。

その理由はわからない。単に、「老い」かもしれない。

ただし、そのときに、「それでいいのよ。私も高級車なんかいらない」という女性がダメなのである。

「まだ、乗ってない車があるよね。それに乗りたいなあ」といって、しかもそれを毎日いうのではなく、**仕事が順調になってきたときの男に一発かますようにいえる賢い女性が、最高に、男を向上させ、お金持ちにする**のだ。

私が、「よし稼ごう」と意を決するとき

私があるガールフレンドに、「次の本は売れるかもしれないぞ」といったら、彼女はなんと、「わたし、シトロエンのかわいいのが欲しいんだ。頑張って」と笑った。

「え？　俺がおまえにシトロエンを買うの？　彼女でもないのに？」

「うん。そりゃあ、そうだよ。お金持ちなんだから」

「……」

茫然としたが、シトロエンのホームページで価格を確認したものだ。価格は二一〇万円ほど。「買ってやってもいい」と思っているわけだ。

妻も面白い。一年くらい前に知り合いの男がどうしてもイメクラに行きたいというので、人生初のイメクラに行ってきた。ちなみに、私は風俗が嫌いだから、ソープランドも知らない。イメクラでは、女の子に「何もしなくていいから、下着だけ見せていてくれ」といった変な客になっていた。

だが、たまたま出てきたその女の子はＡＫＢ48のある子にそっくりの美少女で、「こんなにかわいい子がいるんだな。また、女をつくろうかな」と、気持ちを高ぶらせたものだ。

そのイメクラの割引券を財布に入れておいたら、妻がそれを発見して、大爆笑。愛猫の遺影に飾って、「みり、パパがイメクラに行ってきたよ」と、亡くなったメス猫に告げ口しているのだ。唖然である。

賢い女性は、男の性欲と物欲を刺激する

では、この二人が別の考え方だったらどうなるか。ガールフレンドが、「わたしは何もいらないから、お子さんに玩具でも買ってあげて」では、ウルトラマンの怪獣の玩具、六〇〇円で済んでしまって、「もう車はいらない」と思っている私をなんら刺激しない。

妻が、「イメクラで若い子と遊んできたのか。許さない」と怒ったら、二度と風俗には行けないから、一緒に遊んだその男に奢ることもできないし、「女の子ってかわいいな」と、再び燃え上がりそうになった気力もなくなってしまう。

だから、私は最近、この二人の女性のおかげで、ちょっとやる気を取り戻している。ラスベガスに行ったときに、成田空港にメルセデスベンツのCLSが展示してあって、それをずっと眺めていた。「また、高級車を買おうかなあ」と。

私の妻にはそんなに物欲がない。週二回のホットヨガ。ママ友とのテニス。バーバリーの鞄や財布が数年に一個欲しいくらいで、それも傷むまでは買い替えない。ただ、

外食が好きで、最近、私が高級店での外食にもやる気をなくしていたから、つまらなくなっているかもしれない。

パークハイアット東京やリッツカールトンでディナーを楽しんでいて、年代物のシャトーマルゴーを飲んだり、葉巻を吸ったりしていて、何か飽きてしまった。「高い外食は寿司と天ぷらだけでいいや」というのがいまの私である。そこで妻が、「またイタリアンを食べに行きたい」といってくれれば、私はまた動くと思う。

賢い女性とは、男の物欲や性欲を後押ししてくれる女性だ。元気がなくなる傾向が強い男の尻を叩く女性である。

「こんな女」から遠ざかれ

男を苛立たせる女

女という生き物は、基本的に、「男を好きになったらなんでもあり」という無意識の破滅願望がある。

破滅願望は大いにけっこうだが、女性の場合は周囲を巻き込む。

なぜかって?

おしゃべりだからだ。

誰かに相談事をするのが好きだが、そのときのアドバイスは聞かないし、自分でいったことも忘れてしまっている。

女性は、好きになった男が、傍から見て、「頭がおかしい奴」とわかっていても、「好きなんだもん」と拗《す》ねて、友人たちの話も親兄弟の注意も聞かない。そして結果、付き合ったその男と後に離別になるが、男と付き合う前に注意してくれた人たちに恥じらいもなく、愚痴や不満をいう。

「あのときに注意したでしょ」というと、「覚えてない」というか、「彼がちゃんと働くっていったんだもん」と男のせいにする。

だが、女性のほうも悪い場合が多く、たとえDVを受けていても、一〇〇%男に原因があることはない。女性が、話を二転三転させたり、夫がいったことを忘れたり、お金がないとわかっているのに「なぜ今月もお金がないの？」と聞いて追い討ちをかけたりする。とにかく、**女性というのは「言葉」で男をひどく苛立たせる生き物なのだ。**使う言葉に責任感がまったくないといえる。

男も、責任感のない発言をするときがあるが、男の場合は大きい話が多いものだ。「三年以内にマンションを買う」という宣言をして、結果、買えない、というパターンである。だから、男の言葉の大失敗は、大半が半年から一年ごとである。

一方の女性は三日おき、といっておきたい。それが男を怒らせる原因になる。

私の知り合いに、「この男は頭がおかしい。女の子は紹介できない」と思う奴が三人くらいいる。それなのに「里中さん、彼が好きなんです」といって、紹介してほしがる女性がたまにいる。

「あいつはギャンブルにはまっているよ」といっても聞かない。その子も付き合って一年か二年すると、「彼がギャンブルばかりしていて、ストレスになっている」と私にいってくるわけで、**女性というのはとにかく恋愛に関しては、途方もなくバカである。**もちろん、「あのとき、あんなに止めたのに」といっても、「そうだったかな。だって紹介してくれたじゃん」と、自分に都合の悪いことは忘れている。

お金のことをまったく理解できない女

話をお金のことに戻したい。恋愛に惚《ほう》けている女の子たちは、そう、お金のこともまったく理解できない。

庶民目線の話をすると、庶民の主婦は節約をしているはずなのに、ポテトチップスを買ったりする。一二〇円くらいだろうが、一二〇円あったら、夕食のおかずが一品足せる。

試しに私も一日一〇〇〇円で食費を頑張ってみたが、とても簡単だった。余計なお菓子を買わない、コンビニで何かを買わない、粗食的な食べ物を中心にする——豆腐、納豆、アジの開きなど。

ところが貧乏だと、それができない。たとえば、ファミレスに行ってしまう。私はカレーが大好きだが、あの有名なＣｏＣｏ壱番屋には非常時にしか行かないようにしている。一皿八〇〇円以上と、わりと高い。だから家でつくればいいし、どうしても食べたければレトルトのいいカレーが、三〇〇円くらいで買えるものだ。安ければ一八〇円というのもある。

発泡酒なら安いからと、いっぱい飲んで、結果、ビールを飲んだのと同じ金額になってしまうとか、節約しているのに矛盾した買い物はいっぱいある。別項の激安回転寿司の話でも書いたが、**安いものを腹いっぱい食べたら、いいものを腹八分よりもお金がかかってしまうのだが、それに気づかない**のだ。

実は、恋愛において、頭のおかしな男と付き合おうとするのも決まって、貧乏な女の子で、貧乏なら少しでもお金のある男と付き合おうと単純な考えになるはずなのに、絶対にならない。絶対に。

女性は、貧乏を実感すればするほど、貧乏な男に恋をする。一度そういう男に恋をすると、なぜか次も同じような男にいくものだ。

私の友人女性で、主婦として余裕のある生活を営んでいる女性は、それなりのお金持ちと結婚していて、みんなとても利口だ。

一緒に生活するのが危ない女

たとえば、「信念」という言葉は男のものだ。

女に、「信念がある女性」という言い方はしない。

女性の特徴は、話がぶれること。話が二転三転すること。信念があるなんてとてもとても……。

男には、信念がなくてはならなくて、信念とは良いにしても悪いにしても「考え方がぶれないこと」だ。

ところが、女性は二日もすると、もういうことが変わっている。気分でモノをしゃべっている場合もあるし、忘れてしまっている場合もある。そしてもともと信念がないから、言葉がぶれてしまうのだ。

しかし、利口な女の子たちは、恋愛においてある程度の基本があって、それは決まって、「きちんと働いている男性と結婚する」ということをもとに、お金に関する信念も構築しているものだ。

食料の買い物に行くときは、「これを買うのは余計。これは少し高くても体にいいから買う」とあらかじめ買うものを決めてある。

それが結果、お金にある程度余裕があるのに、貧乏な人よりも節約になっているのだ。

ところが頭の悪い女の子は、

「もう、わたしはチョコレートもプリンも買わない。太るし、お金もかかる」

と宣言してから三日後には、買い物かごにそれらが入っていて、自分が口にしたことすら忘れているのである。

もちろん、それがわざとなら、その女の子は頭が悪いのではなく、わがままで、それはいいのだ。

「えへへ。やっぱりチョコ、買ってきちゃった」と笑っているのだから、とてもかわいいと思う。

問題は、いったことを忘れる女だ。

「おまえ、しばらくチョコを食べないっていったよな」

「え？　そんなこといってないよ」

という女性は、お金に関しても失敗を繰り返すから、一緒に生活するのは危ない。

「そんなもの買った記憶ないよ」

という具合だ。

逆に、

「あなた、なんでそんなものを買ったの？　私、聞いてないよ」

という喧嘩では、夫のほうが一週間前に、「給料が出たら買うから」といってあったというパターンである。

こんな疲れる争いはないもので、特にそれがお金に関することだと、本当にうんざりする。

私一人が女性を叱った男と思われるのは嫌だから援軍を出すが、作家の伊集院静が、**「女は結婚する前にした約束なんか、結婚したら忘れる。当たり前だ」**と雑誌でいっていた。

「女らしさ」を忘れた女

男性諸君。

女性は、いったことや約束したことをほとんど忘れる。

特に、「女らしさ」と「お金」に関わることを忘却の彼方にやってしまうものだ。

そういう女性と結婚しないことだ。

伊集院静は、**「宝くじを当てることよりも、（約束を守る）良妻を手に入れることは難しい」**と厳しいことをいっていたが、私のガールフレンドと元彼女の中には、聡明で、言葉に対して責任感のある女性もいた。お金に対して貪欲で、だから、ちゃんと仕事のできる男にしか近寄らなかった。

「最悪の女」とは、けっこういるもので、

・男からお金を騙し取る女
・フェミニズムの塊の女
・暴言を吐く女
・おばさん化している女

など、他にも列挙しきれないほどいるが、これまで述べてきた**「いったことを忘れる女」**もかなり最悪だと断言する。

読者からのQ&A 3

Q

上司の世代は車好きの人が多いみたいですが、僕らの世代は、車好きの人はほとんどいませんし、車を持っている男も周りにいません。洋服などもあまり買うこともなく、物欲がありません。こんな僕はお金持ちになることを、あきらめたほうがいいのでしょうか？

A

物欲がなくてもいいんじゃないか。得た大金はどこかに寄付を続けていれば世の中の役に立つ。それから、「僕らの世代」っていって、他の男たちも巻き込まないように。高級車が好きな若者もまだいる。そもそも車というものは、好き嫌い以前の問題で、緊急時に必要なんだ。昔、「三種の神器」っていうのがあったが、それと同じだ。君のいる町で原発の放射能漏れがあったら、君はどうやって逃げるのか。恋人や子どもを駅まで歩かせるのか。

4章

こんな貧乏な人間になってはいけない

回転寿司屋でなぜか四〇〇〇円以上使う男

何も考えずにお金を使うと自滅する

先日、取材がてら、ある有名な激安回転寿司店に入った。

それはそれは不味い寿司を食べさせてもらった。同行した女の子が腹痛を起こしたくらいだ。

その女の子が私のあるＳＮＳでその回転寿司店の批判をしたら、一部の人たちが怒ってしまった。

「うちは家族サービスにそこを使っている。君は、里中さんのお金で普段は高級寿司店に行けるのだと思うが……」

という怒られ方である。

「貧乏な人は家族サービスで激安回転寿司を使うしかないんだ」

と彼らはいっていた。

私と彼女で一〇皿ほど食べて、一〇〇〇円くらいだった。隣の席を見ると家族で三〇皿くらいは食べている。食べ盛りの子どもがいたからそうなるのだ。総額は三〇〇〇円から四〇〇〇円になるとしよう。

貧乏一家の食事にしては大金ではないか。

貧乏な家族は、実はお金がないのにお金を使う不合理な行動に出る傾向にある。

典型的な例が電気だ。

夏に冷房を使いまくる。そして電気料金が軽く一万円を突破する。

そもそも、家族サービスにお金を使うというが、その概念こそ、お金のある家族とは違っているのだ。

家族サービス＝激安回転寿司。

と彼らは思っているわけだが、それは自分のアイデアではない。

テレビからそんなＣＭが流れてきたり、近所の家族が同じことをしていたり、その程度の理由で激安回転寿司店に家族を連れていく。それが家族サービスだと思い込んでいる。何も「考えていない」のだ。

貧乏な人たちの致命的な弱点は「考えないこと」だが、それを大衆迎合するという。

使い道を考えるか否かが分かれ道

お金がある家族はじっくりとお金の使い道、使い方を考えるものだ。価値、価格、場所を考える。自分のアイデアを出す。

たとえば、出かけるにしても、子どもの教育のために、いつもと違う場所、店を選ぶ。子どもの才能を開花させるために、子どもが好んでいるモノがある場所に出かける。

私の息子は動物、昆虫が大好きだから、夏に西表島に連れていった。絶滅危惧種のヤドカリを発見して、それを夏休みの宿題の題材にしていた。

食事に関しても、「こんなに旨いものがあるんだぞ」といって島豆腐を頼んだ。地方の食べ物を勉強させるためだ。もちろん毎月、毎週ではない。

話は少し逸れるが、**お金持ちは子どもの教育で、才能を開花させることや「価値」を教えることに重点を置く。**貧乏な人は子どもの教育で、勉強を詰め込むことに価値を置く。テストの成績がよければ満足で、いい学校に行けば世の中を渡れると思っている。食事の本質を教えることや未知の世界を教えることには無関心で、変わった世界を見せないとＩＱは上がらない。

回転寿司店の話に戻すと、毎回同じ回転寿司店の家族サービスで子どもが何かを吸収することはない。しかも、貧乏な家族は激安回転寿司店が「安い」と勘違いしている。こちらが本題だ。

もし、ランチで三〇〇〇円も使ったら、かなり贅沢をしていることになる。

たまに？　たまに激安回転寿司か。

たまになら、もっといい店を選ぶべきだ。

回転寿司のネタに使われている魚は、何しろ、死魚、中国産のウナギ、深海魚、名前を変えてあるいわゆる偽装魚、ずっと回り続けている劣化した魚。酸化防止剤がたっぷりである。

「そんなことは知っている」って？　知っていてなぜ行くのだろうか。「強くなるには悪いモノを食べたほうがいいんだ」という意味の言葉をつくっていたデブ芸人もいたから、もう頭がおかしいとしかいえない。キャラとしての発言でもいいすぎだ。それは子どもが砂場で遊んだほうが、雑菌に対する抵抗力ができるという話と混同しているのだろうか。

体内に中国の汚染された食材が入っていくことで、抵抗力など生まれない。

子どもの体への影響を考えないのもバカ親の特徴だが、子どもが満足感を得られる場所が、満腹になれる店や家族がワイワイやっている店だと勘違いしているのも話にならない。

たとえば、子どもに良質の蕎麦を食べさせたとして、子どもが、「こんなちょっとじゃ足りないよ。帰りにハンバーガーを買ってよ」というなら、その子どもは残念ながらデブの遺伝子を受け継いだかわいそうな子で、**人間は美味しいものを食べると腹八分で満足するようになっている。**

賢明な読者ならわかったと思うが、激安回転寿司は不味いから、満腹にならないと気が済まないというわけだ。当たり前だ。不味い寿司を一貫だけ食べたら、そこで帰るか美味しく感じるまで食べ続けるか二択になるが、一貫だけで帰る人は滅多にいないだろう。

結局、満腹感で、「美味しかった錯覚」をして帰宅することになってしまうのだ。それには、いっぱい食べないといけないから、総額が五〇〇〇円になることもある。それだけお金があったら比内地鶏の店でもなんとか行ける。

お金が余る人、消えていく人の法則

蕎麦の話が出たが、うちの近所に手打ち蕎麦屋がある。

そちらが私の家族サービスの店で、子どもが学校に行っているときには妻と一緒に行く。もちろん、毎回ではない。他に手打ちうどんの名店や比内地鶏のいい店も近所にある。神保町の「共栄堂」という有名カレー店。ハイアットリージェンシー東京の中国料理店「翡翠宮《ひすいきゅう》」。そして、回転しない寿司店が、私が家族とよく行く店だ。店を変えると、小学生の息子はその店の感想を口にするものだ。

蕎麦の場合、十割蕎麦で七〇〇円。もり蕎麦なら五〇〇円ほどだ。

息子は十割蕎麦を食べないから、一人平均六〇〇円くらいで、三人で一八〇〇円。

仮に私に娘がいて、家族四人だとしても二四〇〇円。

貧乏な家族が激安レストランなどで五〇〇〇円近く食べているのをよく見る。ある程度お金を持っている私のほうが、二〇〇〇円ほどしか使わない。しかも良質の蕎麦に、だ。さらに、私の息子は蕎麦だけで満足して、「もっと食べたい」なんていわない。

何か変だ。私はそんなにお金持ちではないが、これでは、お金持ちのお金が余って、貧乏な人のお金がなくなる法則が、ズバリ解説されてしまっているではないか。

この話は貧乏な家族をバカにしたものではない。**少しでもお金を増やしたいなら「もっと考えよ」**と、啓蒙しているのだ。

たとえば、秋はさんまの塩焼きが非常に美味しい。魚よりも肉好きな息子が一生懸命食べているくらいだ。

「今日はさんま尽くしだ」と、ある家族の父親がドヤ顔で、さんまの塩焼き、さんまの刺身、さんまのから揚げをふるまったとして、総額は一〇〇〇円くらいだと思う。それで子どもたちは大満足ではないか。

なに？　外食しないと家族サービスにならないって？

それは、あなたの教育が間違っている。子どもが幼稚園くらいのときに、そう教えてしまった。「出かけることが家族愛だ」と。家族の食卓でじっくりと話をすることこそ、普段会社に行っていて、あまり子どもと喋らない父親がする家族サービスではないか。お金の使い方も子どもとの接し方も、すべて間違っている。

そもそも、激安回転寿司店では、まともな会話もできない。**激安回転寿司店など、食べ物が回っているゲームセンターである。**だから子どもが喜ぶのだろうが、遊びと家族サービスの境目もわからない場所に連れていったところで何も変わらない。

子どもを遊ばせたいなら、遊園地に連れていくことをすすめる。

「いくじ」がない男

失敗した人のニュースを見て安堵していないか

平凡な人生を八〇年。そして死ぬ。

途中、「私は幸せだ」と微笑しているならなんら問題はないが、「平凡で何が悪いのか。金持ちは悪だ」と成功者を見ては怒り、生活が苦しくなると、「お金がないのにうるさい！」と妻にあたったりしている。

しかも、口だけは達者なその男は決して動かない。動くのはまさに口だけといえる。たまにパチンコに行くような時間を持つかもしれないが、基本的に、朝、会社に行き、夜、まっすぐ家に帰ってくるか、同僚と飲んでから帰ってくる。

繰り返しいうが、その現状に満足しているなら問題はないが、満足している人間が、他人に嫉妬するはずはない。

まず、成功者にネットなどで喧嘩を売ってる時点で、自分が悪だと自覚してほしい。平凡な人間なのに悪。おかしい話ではないか。

「お金がもっと欲しい」と漠然と悩んでいる人生。普段はその欲を封印しているが、妻に、「今月は生活費が苦しい」といわれると、お金が足りないことに気づく。だが、やはり何もしない。

宝くじを買った。ＣＭを見てその気になったから。

それくらいしか手立てがない。

無才なのだろうか。

いや、そうではないのだ。

リスクを負うのが怖いのである。

失敗した有名人の記事を見るたびに、「ああ、平凡でよかった」と安堵している。まるで、「無」に帰しているくらいの力のなさである。

愚痴は、何も行動しない男の口から出るもの

先日、私はラスベガスに行ってきた。ただ、カジノでゲームをするためだけに。「俺もラスベガスに行ったことがあるぞ。威張るな」と、すぐにいってくる男もいるだろう。

だが、そんなことをいう男に限って、新婚旅行でサンフランシスコやグランドキャニオンとセットでラスベガスに行っていることが多い。私はラスベガスだけに行った。ギャンブルで勝負してみろ、という、はっきりした話だ。

ただし、負けても責任は持てない。

何もしないから愚痴が出る。成功している他者を妬んでしまうのだ。

私の場合、ずっと勝負事は競馬だった。二〇歳から始めて、約二五年間やっていた。しかし、競馬は落馬や、進路妨害の馬券を返金しないことがあるから、「汚いな」と思ってやめた。競馬ファンも紳士とは程遠いくらい悪質だ。

少年の頃に、「人生はギャンブルだ」というテレビドラマを見て、「俺もそう思う。努力はするけどコツコツ働くことに快楽なんかない」と考えていた。

要は、楽しいか楽しくないか。それが私の人生であって、それによって苦しくなるか、トラブルに見舞われるかなんてどうでもいいことなのだ。つまり、**楽しくなるためのリスクを負ったら、ある程度の苦しみがあるのは当然**という解釈を自分なりにしていた。

現に、「人生が楽しくてしかたない」という本を書いてきて、アマゾンでは批判だらけ。毎日のようにツイッターでも自称善人たちに絡まれていた。

勝負をすれば、楽しいことばかりではない。

だが、勝負に勝てば体が震えるほどの快楽を得られる。

平凡で、当たり障りのない人生を望んでいる男は、トラブルや苦しみを避けたいわけだが、外部からの攻撃がなくても、結局は本人が、「辛い」「苦しい」と頭を抱えているもので、そのストレスのはけ口に、成功者や有名人の悪口をいい、キャバクラなどで無駄に飲んだりしているものだ。

話は少しずれてしまっているかもしれないが、**本当に自分を律することができるの**

は、平凡な人生を望んで、会社、居酒屋、自宅を往復している男ではない。たまにカジノで勝負するような男たちだ。

何しろ、平凡主義の男に限って妻が浮気をしているものだ。子どもが不良になって、娘が一五歳で中絶とか、平凡な家庭によくある話だ。

それは平凡主義の父親（夫）を誰も尊敬しないからだが、その話を続けると一冊の本になってしまうから、ここでは割愛したい。

面白いことに出会うために行動せよ

ニートがストレスなく生きているなんて嘘っぱちで、彼らはいつも、ネットに人の悪口を書いているし、親に当たり散らしている。区役所に行き、生活保護費のことでもめたりしている。

そして、親が年老いてくると、自殺の恐怖がやってくる。すると、今度は兄弟や親族を巻き込んでいくものだ。

「もうお金がない。仕事もできない。助けてくれ」

「あんたみたいな出来の悪い兄を助けられない」

「裏切り者！」

そして、殺し合いである。

人は行動に移すことによって「納得」し、または、「納得できない」という納得をして、また次の行動に出るのである。

ニートと平凡主義者を同列にはしないが、どちらも納得しているはずもない。周囲が同調、同意してくれれば納得して笑うのだろうが、そんな奇跡はない。

自分の人生に納得している人間は、他人は関係ないのである。

私なんか誰も意識していない。ライバルもいない。いるとすれば大昔の作家たちだ。**自分の能力をどう発揮するか、面白いことはどこにあるのか。それくらいしか考えていない。**

ただ自分の快楽だけが重要で、それを邪魔されるのが嫌なだけだが、邪魔をされる環境も持っていない。

「急な話だが、ラスベガスに行ってくる」と妻にいったら、「あら？　ラスベガスから急に電話かメールしてきて驚かすんじゃなかったの？」といわれたくらいだ。

以前、沖縄の那覇空港から、「沖縄にいた。いまから帰る」とメールをした前科があるからだが、平凡とは程遠い生活をしているとこんなに楽しい会話もできる。

しかし、**多くの平凡な男たちは、友達と飲むにしても行き先を教えないと妻が怒り出すのではないか。**「その友達は本当に男か」とかね。

私にもストレスはあるが、その大半は、「快楽を得たための罰」のようなものである。だが、快楽が八〇%、罰が二〇%というくらいだ。それくらいは当たり前だと思ってもらいたい。

「平凡な男」とは、負け続けている男のことをいう

それにしても、人生で一回も勝負をしない男の多いこと。

それで満足していなくて、愚痴や他人の悪口ばかりでは人間性を疑う。

「負けたら危険。勝負なんかしない」と思っているのだろうか。その時点であなたはすでに負けているではないか。

妻と喧嘩ばかり、子どもはまったく父親を尊敬していなくて、豚みたいに太って、

それが素晴らしい平凡主義の生活だというなら、それは負け惜しみだ。すでに負けているのだから、**早く勝負に出て、勝たないといけない。**

「カジノでギャンブルをすることが勝負なのか」

それは一例だ。

株でもいいし、競馬でもいいし、お金の話だけではない。美女と3Pをしたことがある平凡な男などいない。起業もしないし、転職もしない。上司のパワハラを受けて鬱になるだけで、その上司を殴り倒すこともしない。

「平凡」とは男が負け続けている状態を指すのだ。

わかっているか。「あなたは普通ですね」という言葉は、とてもバカにされた言葉なのだ。なのに、「普通の人生でよかった」とかいっている。滑稽といえる。

以前、プロ野球に伊良部秀輝という投手がいた。四二歳で自殺をした。日米で大活躍をして華やかだったが、「ああはなりたくない」と思った平凡主義者が多かったと思う。私の知人も、「伊良部って、逮捕されたりしてたよね。暴君の末路か」といっていた。

そうだろうか。平凡で一生なんの華もなければ目立つこともない男たちは、伊良部のような人が自殺をすると、「ほれみたことか」と嗤う。たしかに、自殺をしたのだから晩年は苦しかったのだろう。

そんなことをいったら、私もとても苦しい。突発的に自殺するかもしれない。最期が惨めだと、すべてを帳消しにしてしまうのが人間だが、それもその成功者を貶《おとし》めたい一心で、「伊良部は失敗した」といっているのだ。

失敗しているのは、なんの行動もできない男である。

友達に連れられて海外のカジノに行って、一円も賭けない。それがあなたの平凡主義だ。「賭けると負けるかもしれないから」

では、それは勝ちなのだろうか。負けでもないが、何か失敗しているような気がする。私にはうまくいえない。平凡主義者と私とは住んでいる世界が違いすぎる。

頑張ればなんとかなると思っている男

たとえば、増税──

私の母親は、神経質な私に、「ケセラセラでいきなさい」と、よく叱った。いま、そんな生き方をしていたら、「(その生活は) おかしい」といわれているが (笑)。

さて、二〇一九年一〇月には、消費税が一〇%になることが決定している。知り合いたちは、安倍総理を恨みながら、「政治には期待できない。自分が頑張る」といっている。なんて真面目なんだろうか。

私は増税に対して頑張る気なんか毛頭ない。

そもそも、絶対に勝てない戦いが必ずあって、その最たるものが国家権力との戦いである。イチロー選手も勝てないし、大相撲の横綱も最強のプロレスラーも、孫正義も、下手をすると自滅する。

働いても働いても税金に取られてしまう生活で、「頑張る」なんて自殺に向かって突き進んでいるとしか思えない。なぜ、庶民はそんなに頑張ろうとするのかというと、それを美談として称賛する世の中だからだ。

貧乏な男が、「生活のために頑張る」というと、女性たちは応援する。しかし、その結果、頑張っても頑張っても生活が苦しかったら、彼は自殺してしまうかもしれない。

だけど、頑張らないと生活できないじゃないか、だって？

それは違う。頑張っても生活はできない。給料の半分が税金なんだから。私は頑張る気はない。**頑張っても結果が出ないことに力を入れると体を壊す。**鬱病になるために働く気はない。

それでは国は、庶民に「死ね」といっているのだろうか。

実はそうなのだ。消費税が上がったら自殺率は増加する。一九九七年の消費税増税の翌年は自殺者が前年に比べ約八〇〇〇人増加した。それを知っていてもなお、税金を上げていく。

だから、「死んでください」ということだ。

しかし、政治家も人間だからそれなりの対策は考えていると思いたい。安倍は外圧に屈した末に増税を決めた感があって、元来、彼はとても善人だと私は思っている。一度、総理を辞めたのに、また挑戦しているところが、男としては尊敬に値する。「失敗は許されない」とわかっているから、国民を見殺しにすることはないだろう。

頑張らなくてもいい、だが「我慢」は必要だ

話は長くなるが、いまの不況が円高のせいだとしたら、日銀が円を刷ればいいだけのことだが、それができない事情がこの国にはあるから、国民から税金を取るしか方策がない。安倍のようないままでの総理と比べると優秀な男でも結局、そうなってしまう。

国会議事堂の前で自殺する人間が大挙して現れない限りは「実感」が湧かないから、

庶民が苦しくなるのがわかっていても税金を上げていく。安倍政権が実行した消費税増税に関する有識者会議とやらに、やつれた庶民が参加していれば話は変わったかもしれないが、「有識者」といっている時点で庶民はいないから、国民目線にはならない。

しかし、高級車を買えない人から消費税を巻き上げようと思っているわけではない。話の途中で先にいうが、消費税増税で庶民が苦しいのは一時的だ。

楽観していて欲しい。ただ、その一時的な間に自殺する人が多いのだろう。

頑張るのではなく、「我慢」をしてほしい。

あなたの周りにもお金はある

安倍政権は庶民対策として、消費税を上げたことで将来的には軽減税率を導入するだろうから、消費税増税に対する庶民の暮らしの負担は減ってくる。無論、消費税増税から軽減税率導入まで、それらは財務省の意向だ。財務省は庶民の味方ではなく、自分たちの利権のために軽減税率導入を目指して、消費税増税に政治家を誘導しているのだが、それに怒り狂っていては身が持たないから、考えないようにしないといけない。

軽減税率反対派は、庶民だけではなくお金持ちも優遇してしまうから、とか、食料品の線引きが難しいとか、いろんな理屈を並べるが、国民は賛成が大多数で、食料品が減税されることを望んでいる。その食料品に、「高級フレンチは含まれるのか」とか、うるさいのだ。そういう屁理屈をいうどこかのセンセイたちが、政治の「動き」を止めてしまっているのである。

左翼的な話になりそうなところを右寄りに変えるのが私の得意なところだが、それは冗談として、話を進めたい。

消費税を増税しても、将来に軽減税率をなんとか導入しないとそれこそ自殺者が続出するから、政府も何らかの対策を考えているはずだ。少しの期間、耐えて欲しい。軽減税率を導入しなかったとしても、定額給付金を配り続けるはずだ。

あなたはもっと気楽に生きないといけない。

生活が苦しくなったからといって「頑張る」だけでは絶対にダメだ。

お金はたくさんあるのだ。

庶民は、「お金はない」と考える。正確には、「俺にはお金がない」と。準富裕層などのお金がある人は違う。「お金はどこかにある」と考える。頭を使えばそのお金は自分に入ってくると思っている。

別項でも書いているが、私は株をやっている。

株式市場にいくらお金が集まっているか知っていますかね。

売買代金でいうと一日二兆円は動いている。

お金はどこかにある。あなたにお金がなくても、**世の中にはお金があるのだ。**あなたは世の中にいる人間で、本当はあなたにもお金があるのである。

楽観せよ。ただし行動を起こせ

お金のない女の子がいたとする。彼女は美人で、それを活かしてお金のある男と結婚した。結婚しただけで、彼女には資産が入ったのだ。彼が死んだら相続できる。相続する以前にも毎月の小遣いは数十万円にもなる。貧乏だったのに、結婚したことでお金持ちになれたのだ。それは、**自分の才能を活かしてお金がある人間から稼いだからだ。**女性だから、セックスで稼いだともいえる。

彼女の思考は、「世の中にはお金持ちの男がいる。その人と結婚したらお金が入ってくる」というものだ。しかし、そんな思考を持たない女の子もいる。

「私の周りにお金持ちはいない」という考え方に終始している女の子たちだ。

中には美人もいるが、それでも「お金持ちはいない」「お金持ちとは出会えない」と言い張る。

それこそが、貧乏な人の頑固な考え方で、**「俺にも俺の周りにもお金はない」と、もう、これしか頭にないのだ。**

フレキシブルに脳を働かせることもできなければ、世の中を大局的に眺めることもできなければ、行動力もない。

「私の周りにお金持ちはいない」と言い張る二〇歳くらいの女の子が付き合う男たちは大学生か新入社員なのだから、そんなことは当たり前で、「三〇歳以下、美女限定」の弁護士パーティーに行けば「私の周りには貧乏な男の子しかいない」問題はあっさりと解決する。その行動を起こさないで、目の前の貧乏な男と結婚する。

男のあなたがお金のことで行動を起こさないなら、そんな女の子たちと同じだ。**お金がたくさんある場所に目を向けよ。**それをしないから「俺にはお金がない」と勘違いして、「お金を稼ぐことはできない」と決めつけてしまっている。

決めつけたらダメだ。

あなたの町のどこかに、ベンツやレクサスが置いてあるビルがあったとしたら、そこにはお金があるのだ。そのビルに強盗に入れ、といっているのではなくて、世の中には、お金があるところにはある、といっているのだ。そのあるところからお金を奪う方法は無限にあるのだ。貧乏な女の子たちが、お金持ちと出会える場所がたくさんあるように。

だから、「楽観」しないといけない。

「増税で、俺の生活は苦しくなる。もっと頑張らないといけない」

ではない。

「増税か。いままでどおりにやっていこう。どこかからお金は入ってくる」

と考えて、そのどこかを探さないといけない。

つまり、楽観しながらも、ちゃんと行動も起こさないといけない、という話だ。

「それは頑張ることではないのか」と思った読者もいるだろう。

庶民の「頑張る」は、いまのお金にならない仕事をもっと頑張るのだ。トップの権力者や先輩があなたの大事な仕事を横取りする世界も多いではないか。それは苦しい現状を維持することが精一杯になることをわかっていない。

頑張って、その分高給取りになれるなら、誰も苦労はしない。残業しても残業手当がわずかだから苦労しているのではないか。無論、残業手当がなしの場合もある。

子どもに「私立に行きたい」といわれたらどうする

私だって同じだ。

「消費税が上がったら、本が売れた分だけ消費税を取られてしまう。よし、もっと頑張ろう」

とは思わない。バカげている。何を頑張ればいいのだ。私が書店でサイン会をやりまくればいいのだろうか。本を年間、一〇冊くらい出せばいいのだろうか。そんな体力も知力もない。

ではどうすればいいのか。

「ケセラセラ」でいいのである。

楽観の反対語は悲観だが、庶民は悲観的になりすぎて、しかもすぐに、「もっと頑張る」という。だから自殺することになる。

たとえば、「俺が頑張らないと子どもの教育費がなくなってしまう。塾にも行けない」というが、その考え方が完全に間違っている。

子どもなんか義務教育だけで十分だ。妻に、「子どもなんか義務教育だけで十分じゃん。バカか」といえばいいのだ。それに妻が怒ったら、「俺が人間としての教育をする」くらいのセリフを用意しておきなさい。

教育の問題は別項で述べるが、「私立に行きたい」と子どもがいったら、「うちにそんな余裕なんかない。公立に行け」といえば、子どもは奮起する。

逆に、親が必死になって働いて、教育にお金を注ぎ込んで、生活は極貧。「おまえのためにお父さんは苦労してきた」という恩着せがましい言葉をつくらなくても、感受性豊かな子どもにはわかる。すると、子どもは一生負い目を感じて生きることになる。しかも彼らが大人になってもある程度のお金持ちにならなかったら、親に恩返しもできなくて、一生苦しむことになる。

庶民の「頑張る」は、生活からささやかな華までを奪い、いいことなど何もない。

繰り返すが、最悪、自殺をしてしまう。

鬱病の患者に、「頑張れ」というのは禁句というではないか。

いまの生活を維持するために、無理をしてはいけない。無理をしても増税なのだ。天引きと喧嘩をして勝てるはずがない。

「負けるな」と私はよくいうが、「頑張れ」と無理をさせようとしているのではない。

国にも会社にも頼るな

貧乏な女の子が、お金持ちの独身がいる場所を見つけるのは、とても簡単なことだが、彼女たちはそれを知らない。

あなたも同じ。世の中にはお金がたくさんある場所があるが、なぜそこに目を向けないのかわからない。四〇歳にもなって株の仕組みも知らない男はごまんといる。

お金のある場所や世界に目を向けて、そこにアプローチすれば、お金は入ってくるかもしれない。そう考えて生活しないといけない。

給料が二八万円と決まっている仕事で「頑張る」って、あなたは「バカ」ですか。

厳しい物言いだが、ここまでいわないと気がつかないのだ。

私はあなたの味方だ。

負けるな。

そのためのヒントを提供しているのだ。

余計なおせっかいかもしれないが、そういう職業だ。

国家権力を相手に戦っても無駄だし、安い給料が確定している会社で頑張っても無駄なのだが、貧乏な人はそれがわからず、常に報われない環境で頑張ろうとする。

お金持ちは頭を使って国家権力から逃げるし、お金がない会社に投資もしない。

貧乏な人は国家権力と戦いたがるし、給料が二八万円と決まっている会社でもっと頑張ろうとする。

どっちが楽な生き方か考えてみればわかる。

お金がなくても、お金持ちの思考でいれば気楽になれるのだ。

教育に過大なお金を使う男

学歴でしか人を判断できない人間になるな

世の中には、「人間のクズ」といわれる人たちが多くいる。

凶悪犯罪者の話でなく、まともな暮らしをしている人たちの中にいるのである。

たとえば官僚が、天下りのために政治家をコントロールして世の中を動かしたり、賄賂を受け取って私腹を肥やしていたりする話はよく聞く。

弁護士は正義の味方らしいが、「俺は世界一、頭がいい。俺のいうことを聞け」という態度で弱者に接する。

エリートの道を歩むと、人間はどうしても傲慢になって、その学歴、経歴が立派なほど、それのない人間を見下すようになる。四六時中、見下しているわけではないが、自分よりも優秀そうな人間が目の前に現れたら、「俺は東大だが、おまえは高卒か。バカなんだな」と思うし、実際に言葉にする。賢明な女性たちはそれを知っているから、東大生や京大生、早稲田・慶応の男の子らとの結婚を嫌うものだ。

女性に対しても、「君は俺の女として、まあまあ合格かな」という物言いをして、彼女の学歴が低かったら、ただの性欲処理、家政婦扱い。甘えたいときだけ巨乳に顔をうずめて、朝になると、「朝食がまずいな。高卒だからか。栄養士の学校にも行かなかったのか」ということを平気でいう男もいるものだ。

もちろん、新婚ホヤホヤのときにはいわないだろうが、ストレスが蓄積したり、それこそ、会社で自分よりも学歴の低い男に追い越されたりしたときに、そういった言葉を妻に吐くようになる。

高学歴＝高収入という勘違い

うろ覚えだが、ある有名な作家は、姪っ子にエリートと結婚するという報告をされ

たとき、

「君は不幸になるために結婚するのか」

「なぜですか。なぜ、彼と結婚したら不幸になるんですか」

「結婚すればわかるよ」

といった会話をしたそうだ。

エリートと結婚したらどうして不幸になるのか言及していなかったが、私は、「その夫から軽蔑されるから」「知識はあっても力がないからだ」と解釈している。「まあ、作家も人間のクズだけど」というオチもあっていいエピソードだった。

そう、私も人間のクズみたいなところはあるし、学歴コンプレックスでこの話をしているわけではないから、誤解はしないでもらいたい。学歴のことを恋人からいわれたことは一度もない。

庶民と呼ばれる男たちが、普段、エリートの政治家や官僚に激怒しているのに、自分の息子をそのエリートにさせようとする。その矛盾に私はびっくりしているのだが、

「自分がお金に苦労したから、息子には苦労させたくない。そのためには学歴だ」

というわけだ。

では、お金のために、息子を人間のクズにしたいのか、と私は問いたい。

しかも、高学歴の人間がみな高収入というデータもない。

無論、東大を出て、ある程度の企業に勤めて貧乏ということはないが、富裕層に高学歴はほとんどいないというデータがはっきりとある。

なぜなら、高学歴の男は、自分よりも頭のいい人間を嫌うからだ。一〇〇人の東大生がいたら、九九人はそうかもしれない。

成功者は、自分よりも優秀な人間を近くに置く

成功者は、自分よりも知識や経験がある人間を近くに置き、その人にブレーンになってもらって、成功していくのである。東大生のプライドではそれができないから、成功率が極端に下がってしまう。たとえブレーン的な人間を置いても、そのブレーンのいうことは聞かないだろう。

父親の「自分がお金に苦労したから、高学歴を与える」という理屈は、大きな間違いということだ。高学歴でもお金に苦労するものだ。

もし、息子にお金持ちになってもらいたかったら、学歴にはこだわらず、お金の稼ぎ方の教育をするか、才能を磨かせることに全力で取り組むべきだ。私は後者に徹した。

とにかく、お金がない人は息子を高学歴にするのに必死になる。もし、その親が、「高学歴でもお金持ちにならないのは知っている」というなら、「安定のために息子を東大に行かせる」と修正した言葉に変えないといけない。だが多くの学歴があまり高くない貧乏な親は、高学歴＝高収入と思い込んでいる。

また、「高学歴にしたら、息子は安全だ」というのは、どんな親でも考えることである。それは**「大衆の思考」**というわけだ。

成功者で、「大衆の思考」をしている人はどこにもいない。

非成功者が、息子を高学歴にして、息子を成功者にしようと考えているが、その考えもまた、成功者を生まない考え方だ。

成功者でない親が、成功しない考え方で子どもを教育している。茶番劇ともいえる。

子どもには迷惑だと思うが、親は満足していて、子どもはそれが正しいと思って勉強を続ける。その結果、彼の未来は悲惨なものになってしまうだろう。

子どもに「お金持ちになる教育」ができない男

子どもは親のここを見ている

年収は一〇〇〇万円以上。

子どもを高学歴にしたいなら、最低、これだけの年収がないといけない。

その年収がなければ、食費などを切り詰めて、趣味も捨てて、すべてを子どもの教育費に充てないといけなくなってくる。

お酒もまともに飲めない。女遊びもできない。

妻の洋服も買えない。車も買えない。

男としての器量の話を少しすると、友人や女の子と飲みに行って、「俺がお金を出すよ」という形も絶対につくれない。

それはとても恥ずかしいことなのだが、子どもの教育費のためなら、大人同士の常識やマナーも放棄。その結果、その親は大人同士の信頼関係も失ってしまう。

子どもに一〇歳くらいから塾に行かせたとして、一〇年間、その状態が続くことになるが、ストレスも半端なく続くことになる。

そんな親を子どもが見ているのだ。じっと見ている。

夕食のとき、「ああ、たまには本物のビールが飲みたい」という父親に、「それは本物のビールじゃないの？」と子どもが訊く。

「ビールの味をした偽物なんだ。安いからね」

テレビを見ていたら、人気だった映画が放送されていて、「映画館で観たかった」と父親がいうと、「なんで映画館に行かなかったの？」と子どもが尋ねる。

「もったいないだろ。一八〇〇円もするんだから」

貧乏な親が子どもの教育費に苦労している家庭では、こんな会話が日常的にやり取りされている。絶対に。

「俺はいってない」って？

気づいていないだけだ。愚痴をいわない貧乏な人に私は会ったことがない。優秀で幸せな人間だって、何か辛いことや困ったことがあると愚痴をいう。ましてや、子どもの教育のために、ビールも飲めない男が愚痴をいわないなんて一二〇％ありえない。

「うちは貧乏なんだ」「お金がなくて遊べない」「お金がなくて食べたいものが食べられない」と、知らず知らずのうちに子どもに喋っている。

「安いから、まとめ買いをした」

「安いから、この店にした」

「安いから、この服にした」

と苦笑いの連発。決して、「こんなに高くて良いものを買った」という言葉も笑顔もない。**お金に関する親の愚痴によって、子どもは、「貧乏の生き方」という教育を受けてしまう。**

よしんば奮起して、「俺は金持ちになるぞ」と子どもが決意したとしても、その親は、お金持ちになる方法を教えられない。「学歴さえ高ければ大丈夫だ」と、宗教的な言葉しかつくれない。

そして子どもが親の目的通り、高学歴を得たとしよう。親は大満足。子どもも、「俺はやり遂げた」とか思う。

だが、戦いはそこからなのだ。**大学を卒業してからが本当の戦いで、その戦いは恐ろしいほど厳しい。**今は就職難の時代。私がいわなくても明白だ。

親から、「高学歴だったら、何もかもがうまくいく」と教えられてきた子どもは愕然としてしまう。女の子にも相手にされないし、就職先がないという、ありえない事態に直面することもある。青天の霹靂というか、裏切られたというべきか、その子どもがまともな大人になることは難しくなってしまう。

子どものために自分を犠牲にするな

私の知人の妹で高学歴のニートがいるが、「社会に裏切られたから」といって、2ちゃんねるに人の悪口を書く生活をしているらしい。

それは極端に病んでしまった事例だが、結局、「高学歴なら大丈夫」という宗教的な教育を受けてきて、それに裏切られたら人を見下すことでしか正常を保てなくなるのだ。自分よりも学歴の低い人間をバカにすることでしか自己を保てなくなる。

私のところにはよく、「俺は高学歴。おまえは中卒なのに一流なのか」という嫌がらせが来る。

かわいそうだな――。そう思ってやまない。

高学歴で上手に就職して、エリート街道をまっしぐらの男でさえも、「君はどこの大学を出てるんだ」とかネットに書いているのだから、ちょっとでも挫折したら、もうパニック的に人を差別するようになる。人間のクズにしかならない。

追い打ちをかけるのが挫折したときの親との確執である。

「こんなに親に苦労をさせたのに、僕はお金がない。仕事もうまくいかない」

という優しい子どもと、

「せっかく東大を出たのに何をしているんだ」

と、がっかりする親との溝は簡単には埋まらなくなる。

もう、こんな当たり前でバカげた問題を語るのはやめて、結論を出そう。

子どもの教育というのは、親にお金があれば適当にやっていくのがいいが、お金がなければ絶対に無理をしてはいけないのだ。

子どもには自己責任で自由に勉強をさせるのが最良で、親が、「おまえのために貧乏だ。苦労している」という姿勢を見せ続けるのは一種の拷問といえる。

「なんとかして東大に行かないといけない。浪人はできない。現役で一発合格しないといけない」

バカ親は子どもにそんなプレッシャーを与えていて、それが罪だとなぜわからないのだろうか。青春を捨てるほど徹夜で勉強をして、その結果、何もかもがうまくいく人生になる保証もない。

だから、**「おまえが高学歴を得ても、お金持ちになる保証もなければ、女の子にモテていい結婚ができる保証もないし、偉い先生になる保証もない」と親は何度もいわないといけない。**

子どもが、「それでも僕は東大を目指す」といえば、卒業後、何かあっても親との確執はないだろう。

だが、貧乏なダメ親が、「保証はない」と教えていることはない。

「東大に入れば大丈夫だ。勝ち組になれる」

これは、もはや暴言といってもいい。

私の子どもの教育について

最後に私の教育の話をしたい。

知っている人もいると思うが、私は高校を中退している最低学歴の男だ。そのせいで、酷い中傷、差別も受けてきた。

普通、それに苦しむと、「子どもは高学歴にしないといけない」と思うものだ。ところが私にはまったくそれがない。お金もあるが、「教育にお金はかけない。英語だけ習わせておく」と妻にいって反論もさせない。

また、毎月の生活費も、必ず子どもの前で妻に渡す。自分は父親のお金で食わせてもらっているということを自覚してもらうためだ。

そして、いいマグロを買ってきて、「美味しいだろう？　美味しいものが食べたければ勉強を頑張りなさい」と教える。息子がマグロが大好きだから、そこに着目して、そうしているのだ。

沖縄の西表島に連れて行った際には息子は大喜びで、「また来たい。何回も来たい」

といった。それに対して私はこういう。

「お父さんは、おまえを何回も連れてくる気はない。君がそんなに西表島が好きになったのなら、おまえがお金を稼いで自分の力で来るんだ」と。

すると、小学生の息子は、「わかりました！」というのである。

もし、息子が、「お金の稼ぎ方を教えて欲しい」といってきたら、そのときの言葉も幾千も用意してある。

その中の最良の一言はこれしかない。

「人と違うことをするんだ」

激安チェーンが大好きな男

「苦しいのは、自分だけじゃない」

マクドナルドのハンバーガーは、世界一安くて気軽な食べ物だと思っている男。ラスベガスでも店を見たが、他のファストフード店よりも安く、行列ができていた。カジノで負けた外国からの観光客やアメリカ人が、「しかたない。マックでハンバーガーでも食べるか」といって列をつくるのである。他の人もその列を見て安心する。「自分だけじゃない。みんな負けている」と。

経済的に厳しい状況にある者に安心感を与える店、施設などはその人の「心の拠り所」となる。マクドナルドは、「激安」でその空間を提供している。だから、お金がなくなった人たちの「心の拠り所」となっていて、大人気なのだろう。

それを考慮して、仮定ではあるが、マクドナルドが「世界一、庶民的な食べ物だ」としたい。

庶民と貧乏な人は少し意味が違うが、ここでは庶民と貧乏な人を一緒にして話を進めるということでご了承をお願いしたい。

ちなみに私の考える庶民とは普通の暮らしをしている人たちのこと。貧乏な人とは、お金がなくて日々の暮らしもままならない人。両者には経済的に差があるが、境界線にいる人も多く、区別するのは難しい。


ある大富豪がいるとしよう。

たとえばビル・ゲイツでもいいし、ウォーレン・バフェットでもいい。

彼らがマックを食べている様子がたまに写真や映像で映されることがある。

だが、お世辞にもマックはいい食べ物とはいえない。何しろ、材料はパンと肉なのに腐らないのだから異常な食品といえる。それは世界中の書籍や健康雑誌などで明らかにされている。

それを大リーガーが食べていたとしても、彼らはきちんと健康管理をしている。イチロー選手かタイガー・ウッズか知らないが、たまに、マックを食べている映像や写真が見つかったくらいで、そのトップ選手たちが疎《おろそ》かな食生活を続けているはずもない。そう、朝はマック、昼は回転寿司、夜は立ち飲み屋ではないのだ。

なぜ、それがわからないのだろうか、なぜ、「あの成功者がマックを食べていた。里中、どう説明するんだ。謝罪しろ」と勝ち誇るのか、という、くだらない話である。私への攻撃はくだらないがこの問題は深いので読み続けてもらいたい。

なぜマックはメディアで取り上げられるのか?

たとえばマックではない食べ物でいうと、日本の有名なお金持ちが、家族とのピクニックでお弁当を出したら、白米に梅干しだけだったとしよう。たとえその弁当が彼の好みだったとしても、その写真が雑誌に載って、「長者番付第三位の○○氏の弁当は米と梅干しだけだった」と書いてあったら、「そんなバカな」「やらせだ」と思われても仕方がない。彼らなら高級和牛弁当を持って行けるはずだと誰でもわかるからだ。

しかもそれは「ステマ」にもならない。

ステマとは知っていると思うが、「ステルスマーケティング」という宣伝活動の一種で、見ている人は宣伝だと気づかないような行為、行動で宣伝をすることである。

つまり、なぜ、超有名なマクドナルドは記事になって、白米は記事にならないのか、ということだ。

ステマではピンと来ないなら、ゴルフにおいてのナイキではどうだ。ナイキはゴルフの分野では新参者。多くのゴルフファンから敬遠されていた。特に高齢の人たちは嫌った。

ナイキはその打開策としてタイガー・ウッズと契約した。それから、ナイキのゴルフ道具の売上は飛躍した（しかしタイガー・ウッズの人気落ちで昨年、ナイキはゴルフ道具から撤退した）。

みんな大企業のワナにはまっている

もう答えはわかったと思う。

マックを大富豪が食べているのは「ステマ」なのだ。しかも、ビル・ゲイツもウォーレン・バフェットも、マックを無料で食べられるカードを持っている。

まあ、バフェットはもともとハンバーガーが大好きだから、彼は特別だろう。実際にデブだ。アメリカの大富豪のほとんどは、マックを無料で食べられるカードを渡されているはずだ。

無論、お金持ちだろうが、そうでない人だろうが、人気のある料理には興味がある。お金持ちが年に一回か二回、マックをたまたま食べていたら、それは、「たまにはマックを食べてみるか」と彼が思ったのかもしれないが、それを偶然写真やテレビカメラに撮られるのも不自然だ。

マクドナルドは世界的な大企業。

大富豪や大成功者はそのトップと必ずつながっている。当然、「たまにはうちのハンバーガーを食べてくださいよ。無料で食べられるカードも差し上げますから」という話も出るだろう。もちろん、「それを撮影して宣伝したいので」という条件で。

別に、たまにマックを食べても死なないし、それだけで仕事の友人、知人が喜ぶなら、ほとんどの成功者は引き受ける。それが成功者の「恩返し」というやつだ。

成功とは、いろんな人に助けられて初めて成し遂げられるものであり、直截的な利害関係がない相手に対しても、優しく接するのが成功者の性質である。

マクドナルドのトップとまったく関係ない成功者も、パーティー会場で頼まれたら、「いいですよ」と笑って承諾するものだ。

「そんなのはおまえの妄想だ」と思った読者もいるだろう。そう、私はそんな大成功者や大富豪が集まる会場など知らない。

だが、ステマとはこういうものだと知っている。私自身が少しばかりの有名人だから、「この商品をプライベートで使っていることをさりげなくブログに書こう」と思ったことはあるし、昔の写真の仕事で、「里中さんが写した○○さんの写真をさりげなく、画面に映します」とテレビ局からいわれたこともある。頼まれてはいないが、懇意にしている版元が出した新刊を、「私も読んだ」「買った」とツイッターに書くのもステマと同じだ。

お金のない九割の人がいっていること

では、なぜ、お金持ちがたまにマックを食べているのがネットで記事にされるのか。その答えが出てくる。

マクドナルドは庶民から信仰されている。特に若者を中心に、絶大な人気を誇っている。お金のない若い主婦などが、子どもと一緒に食べているものだ。彼ら、彼女らにはコンプレックスがある。お金に対する執拗なくらい醜いコンプレックスだ。

貧乏な人の頭の中は常に、お金持ちを貧乏の世界に貶めることで占められている。

その最たる事例が、「お金持ちから税金をふんだくれ」という怒号である。

貧乏な人の九割がこういっていると、私は断言する。なので反論は聞かない。

お金持ちがマックを食べている写真記事や映像を見た貧乏な人は、「やった。彼らもマックを食べている。俺たちと同じだ」と目を輝かせる。

それでそのお金持ちが貧乏に転落するわけではないが、同じモノを食べているだけで、一瞬でも立ち位置が同じになるのだ。

そして、「よし、俺も明日から堂々とマックを食べよう。マック、大好きだ」となって、ステマが完成されるわけだ。

それがわからない頭の悪い人たちが、私のところにメールを寄越す。

「里中、おまえはお金持ちはマックを食べないといっていたが、アメリカの富豪がマックを食べていたぞ。謝罪しろ」と。その富豪は、

・週に何回もマックを食べているわけではない
・思いつきで食べてみた
・ステマで食べて、庶民に宣伝をした

のいずれかで、貧乏な人が毎日のようにマックを食い散らかしているのとは違う。

マックのドライブスルーに次々と車が並び、その列が幹線道路にまで及んでいることがある。近くに信号があった場合は、ひどい迷惑になることもある。運転中の空腹すら耐えられず、ドライブスルーに飛び込む人間と、ステマで食べているお金持ちとを同一視したがるのがバカなのであって、そんな頭をしているから所詮、成功とは縁遠いのである。「ステマ」が世の中にはびこっていることを理解しないと、常にあなたは騙されることになる。

「お金＝悪」とどこかでやっぱり思っている男

お金がない男ほど、成功している男を叩く

お金持ちは、「お金は悪ではない」と考えている。

当たり前だ。

子どもの頃から、「お金があると病気になっても、また健康になれる」とか、「お金があるとたくさんの人を救える」と優秀な親が教育してきた結果だ。私も息子にそう教育している。

恵まれない人に寄付もできる。

会社を経営すれば雇用もできる。

消費して経済にも貢献できる。株式市場も活性化できる。

「子どもがアメリカで手術するのにお金が必要なんです」と泣いている人に、こっそりと一億円、寄付することもできる。

ところが、そんな善いことをしたら、「売名行為」「税金対策」というのが、貧乏な人たちで、もう、開いた口がふさがらない。

結果的に税金対策になるとしても、人を救っているのだ。しかも税金対策は、自分を守ることでもある。お金持ちは自分を守ってはいけないというのか。それは税金に苦しんだことがないくらい、貧乏だからわからないのだ。

後述するが、「努力」をしていないから、努力している成功者を叩くのと同じだ。

英会話の教材に、「お金持ちになると不幸になるのよ」という一文があった。

いまはネットの時代らしいから、ネットを調べたが、「お金持ちは悪」「お金は悪」という意味を書いた乱文がいっぱいあるし、女の子が、「お金持ちにならなくてもいい。貧乏でいいから結婚したい」と呟いているのもよく見かける。

そんなことを書いている人たちは、もちろん貧乏で、世の中の人を仮に上流と下流に分けたとしたら、彼ら、彼女らは下流で、下流の人たちは、上流の人たちをなんとか下流に引き込もうと必死になる。だから、そんな話をネットでばら撒く。

「一億総貧乏」が目的なのだ。共産主義に近い考え方だ。

貧乏だけど幸せ、というごまかし

どんな男が情けないかというと、童貞なのに、偉そうに女性の話やセックス論を語っている男が私の中では一番だが、お金がないことを正当化する男は二番だといってもいいだろう。

お金が悪になるかならないかは本人の稼ぎ方と使い方次第なのだが、貧乏な人たちから見たら、お金持ちがお金を使っている様子が気に入らなく、それを「悪」といっているに過ぎない。

本当は、「羨ましい」のである。

それを口にするのが悔しいから、「悪」と最悪の言葉でごまかし、自分は「善」だと主張すらする。だが、その善が、何かを生産しているわけでもなければ、誰かを救っているわけでもない。

子どもの頃から、「お金持ちになると不幸になる」と教え込まれた人間は、けっしてお金持ちにはなれないばかりか、なんでもかんでも「幸せ」という病的な主張を繰り返すようになる。

たとえば、給料日前にお金がなくなってきて、夕食は卵と白米だけ。冷蔵庫に残っていた納豆を出してきたら賞味期限切れ。だけど、腐っていないからそれも食べる。子どもが、「もう少しおかずないの?」といったら、母親は、「うちは貧乏だけど幸せでしょ。おまえにはかわいい妹もいるし、お父さんもお母さんもいるんだから」といって有無をいわせない。

子どもは、「幸せ」という言葉がとても重要で大事だと洗脳されていき、快楽的な行動をしている大人を軽蔑するようになる。

高校生くらいになって、無頼派の人生相談を読んだらセックスの話や突き放した解答ばかり。「ちょっと六本木で女の体に触ったあと、喧嘩でもしてこい」とか「男は勃起とお金がすべてだろ」とか書かれていて、それを嫌悪するようになる（たしかに下品だが)。

逆に、CMで軽自動車に家族で乗って、ニコニコしている様子に共感して、「うちみたいだ。みんな、あれが幸せなんだ」と思う。

だが、それが車を売るためのつくられた世界だとわからない。それくらい、考える能力も喪失してしまっている。いわゆる、**「幸せ主義」ではすべてが主観になってしまうから、何も考えなくてもよくなる**のだ。疑わないからだ。

お金がなくて平凡に暮らしている状態が幸せな上に正しいから、そこから飛躍しない。現状維持は何も生まないでしょう? それと同じだ。

最悪なのは、「貧乏の現状維持」

次項でも書くが、ゴルフのマナーを無視するのも、「何も考えてない」からであり、それは考える能力を喪失しているからである。なぜかというと、子どもの頃に、「幸せ主義」「貧乏が正しい」を教え込まれた人間は、向上心もいらなければ、努力も必要なく大人になっていく。平凡になるために、気を失うほどの努力をするだろうか、といっているのである。

周囲に気を配るほどのビジネスもせず、極貧になったら国から援助も受け、そのため他者に対する依存心も強い。

ピンと来ない読者もいるかもしれないが、これは人間としては最悪の状態、生き方だと断言する。もう一度いうと、お金持ちになったら悪党になるから貧乏でいいと思っていて、貧乏の現状維持。向上心がない。

努力とは主にお金を稼ぐことや名誉などを得ることだが、それもしない。

たとえば服装が乱れているだけで取引が中止になるようなピリピリした神経質なビジネスとも無縁。だから何事にも無神経。ネットビジネスのお金持ちたちがTシャツでビジネスをしていたからと反論しないでほしい。彼らは例外なので。

もうひとつ付け加えると、主観的な幸せ主義で固まった夫婦だから、美貌なども気にしない。男も女もデブになる。「デブでも幸せ」と思う。なぜかって？　そもそも努力と無縁だからダイエットなどしないのだ。

努力とは、「くそう、やってやる」とか「俺は負けない。もっと上を目指す」という意識から生まれてくる力だ。

だが、貧乏で普通で良くてそれが幸せだと信じている人たちは、「負けたくない」なんて意識がこれっぽっちもない。だから、人間としてはある意味、失格なのだ。努力しない人は人間失格なのに、彼らは自称「まともな人間」。

「お金持ちは悪くて、芸能人はいい加減で、成功者は成金のバカだ」

というでしょう?

努力の二文字を捨てた人生を送っているくせにだ。

お金は何を守るために必要なのか

何度も何度もいうが、確かにお金持ちにも悪党はいる。たまに事件も起こす。だが、凶悪殺人事件の大半は貧乏な人が起こしているのに、なぜそちらが「善」なのか。

それとも、善も悪もないのか。だったら、それが私も一番嬉しい。

だから、お金持ちは悪。お金があると不幸になる。そういう教育をやめて欲しい。

そもそも、この世で一番大切なのはお金ではない。命だ。

しかし、その命を守っているのはお金である。

お金がない国では、多くの子どもたちの命が失われていく。子どもを売ってしまう親もいる。その幼い少女を買うお金が、「悪」なのだろう。それもそうだが、売る親はお金があったらそんなことはしない。では、お金がない状態が悪ともいえる。世界中からお金持ちがいなくなったら、世界は破滅だ。経済の破滅である。すると戦争が始まる。

だが、世界中の人間が平均してお金を持てれば、世界は本当の意味で幸せになる。治安が安定するだろう。

そのお金に対して、「お金は悪だ」という教育は反社会的だ。

お金持ちに対する批判、主張は反社会的なのだ。

マナーやルールを無視する男

「デフレ」が生んだ悲劇

ゴルフはお金持ちがやる紳士のスポーツ。というのは昔の話だ。

デフレ不況になってから、ゴルフ場は一変した。キャディがいなくなり、安いところでは六〇〇〇円でコースに出られて、早朝プレーでは三〇〇〇円で回れるとか、ありえない格安プランをゴルフ場が売っている。

当然、庶民もゴルフをやるようになった。ただのおじさん、おばさんが、「健康のためにゴルフを始めた」とか、よく聞くようになったものだ。

私は石川遼の大ファンなので、彼にはとても感謝しているが、女子プロのブームもあって、最近ゴルフを始めた庶民は多い。

するとどうなったか。

マナーを無視する者が続出である。貧乏な庶民はマナーとかルールを無視する。「一部の」といいたいが、「大半の」貧乏な庶民が、と断言してもいいくらいマナーを無視する。

先に答えをいうと、

軽自動車の勝手気ままな運転などいい例である。え？　ベンツやレクサスも運転が荒い？　それは不良中年やチンピラだ。

そうではなくて、自分は「普通」「まとも」「偉い」と思っている貧乏な庶民が、なぜかお金がなくなればなくなるほどマナーを無視するようになるという話だ。

もちろん庶民には優秀な人もいるが、近年のゴルフ場は、マナーを知らない庶民だらけになってしまい、こちらはひどい迷惑を被っている。個人は優秀でも集団になると愚かになるのだ。もう、どうにもならない問題である。

これによってまた私の誹謗中傷は激増するが、「僕はそうではないよ」という庶民の方たちは、そうならないように神経を使って行動してもらいたい。あなたたちが出向く場所は、お金が安い所だから、どうしても他の暴君たちと同化してしまう。

もし、あなたが兵士として戦場に行って、周りの兵士が全員、女性をレイプしていたら、あなただけ我慢できますか。「おまえもやれ」という重圧も出てくるし、人間は悪徳に染まれる機会に出くわしたらその悪徳を実行するものだ。

つまり、悪いことをしても逮捕されたり、死刑になったりしないなら、人間は悪いことをするのである。悪いことは人によって違い、国によって違う。

戦場レイプは極端な事例だが、日本の庶民の場合はファストフード店や居酒屋、風俗街、ギャンブル場……。周りが行儀の悪い恰好でいる場所で、一人できちんとしていても肩身が狭いものだ。だから、いつの間にか同化してしまう。それを私は「バカの空間」と昔に表現して、**「成功したいならバカの空間には行かないのがベスト」**と書いた。

「安さ」は「品格」を奪う

ゴルフはマナーとルールを重んじる紳士たちの厳しいスポーツだ。

サッカーや野球では殴り合いがあるが、プロゴルフでそんなことがあったら、その選手は永久追放だろう。

私の女性のゴルフ友達は、「ゴルフは暴力がないから大好き」といっていた。それも、プロの世界だけになりつつある。

最近のアマのゴルフでは、キャディなしが多くなった。カートが全自動で、アマチュアゴルファーは勝手にコースを回る。

キャディはマナー、ルールに詳しいし厳しいが、キャディなしでプレーするゴルファーたちは、マナーを無視する。

最近ゴルフを始めた男とおばさんの組なんて、マナー以前に、ルールも知らないと思われる。しかし、そんなグループが増えている。安くなったから、ゴルフの格式が低くなったのだ。

もう、ゴルフは紳士のスポーツではなくなった。

前の組がプレーしているのに打って、前の組のゴルファーにボールが直撃。

これが最悪の、マナーを無視した事例だが、ボールが滅多に当たらないから問題になっていないだけで、ボールが近くに「ボン！」と落ちてくることは頻繁にある。

もし、同じ組の中に一人でも昔からゴルフをしているベテランがいたら、マナーを無視しようとする同伴者を注意できるが、全員がゴルフを始めたばかりだったらそれがない。

私は初心者と回るときは、マナーとルールをいちいち説明しているものだ。グリーンの上に持っていたサンドウェッジを置いたら、「それはグリーンの外に置きなさい」と教える。他にも教えるマナーとルールがたくさんある。それがゴルフだ。

ボールを池に入れてしまった場合、その後どこから打ち直すか、という問題は、他の組に迷惑にならない問題なので、仲間の中で勝手に変更してもよい。事実、池にボールが入ったら、後ろからの組が迷惑になることもない。しかし、穴の開いたグリーンを修復しておくことなどは、次のプレーヤーのための最低限のマナーである。

ルールを守らない貧乏な人間、ルールを教えるお金持ちの人間

先日ゴルフに行ったときに、私の同伴者の女性がトイレに行って、私の組が遅くな

った。すると、後ろの組（中年の男二人、女一人）が、私たちがグリーン上にいるのに、何回も打ち込んできて、あわや大喧嘩である。

ゴルフ場に申し立てをしたが、客がいなくなるのが嫌なゴルフ場は彼らを追放はしないだろう。キャディがいれば、「まだ打ってはいけません」といわれて、もし打ったらキャディに、「プレーを中止にします」と怒られるが、勝手にやっているから、前が遅くて気に入らないとそんな重大な失態を犯す。

最悪の場合、大怪我につながるし、ボールが頭を直撃したら死亡事故につながる。だが、街でのマナー無視、ルール違反のすべては、死亡事故に繋がるとわかっていても、意外と気にしないものなのだ。

先に、「悪いことをしても逮捕されないなら、人間はかまわず悪いことをする」と書いたが、ゴルフ場でマナーを無視した連中は完全に頭が悪いから、ボールが他のゴルファーに当たって死なせたら、「業務上過失致死で逮捕される」とか、そんなことも考えないし、たぶん、「当たらない」と信じているのだろう。

なのに、「ホールインワンはあるかもしれない」と思っているから、バカとは不思議な人種である。

他にも、前の組の忘れ物を拾ってあげない。グリーンのディボットを直さない。遅れていても、「遅れてすみません」の合図をしない。

以前は、パッティングが終わって、ピンを立てて、後ろの組に「終わりました。遅れてすみません」と手を挙げて合図をすると、後ろで待っている人たちも手を挙げてくれたが、今はそれもあまりなくなった（格安プランがあるゴルフ場だけかもしれないが）。

私が危険な目に遭ったゴルフ場は、六〇〇〇円で食事付きだった。

お金持ちはそんな格安のゴルフ場には行かない。東京なら小金井カントリー倶楽部が有名だが、そこまで超絶に格式高いゴルフ場とまではいかなくても、紫カントリークラブはすみれコースなども伝統があって、とてもいいゴルフ場だ。二万円前後だが、私も一度だけ行ったことがある。川奈ホテルゴルフコースには昔、父親を招待したことがある。ちょうど私がベストセラーを出した頃だ。

私は一八歳くらいからゴルフをするようになったが、若い頃はお金がなかったのと、写真に入れ込んでいたからゴルフをやめた時期が一〇年くらいあった。

その頃に、格安のゴルフ場が増えたようだ。若い頃は、会員の同伴でなければいけないゴルフ場に行っていて、ゴルフを再開したときにはプロの選手から格式あるゴルフ場に招待してもらったり、友人と行くときにもキャディ付きを条件にしたりしていた。

しかし、私が初心者を連れて行くことになって、いきなり格式の高いゴルフ場はどうかと思い、格安を数回利用した結果、トラブルが何回も続いた。

「安い所」にいるのは常に危険が伴う

また、昔からゴルフをしている紳士の老人も、お金がなくてもきっと格安は嫌いだろう。

定年後、年金暮らしで格安のゴルフ場を利用している人たちは、このマナーの問題に怒っている。

「ゴルフ場の治安が悪くなった」と。

治安は大げさだが、そういう言い方もしかたない。

私は決して、庶民の人たちに嫌われようと思ってこんなことを書いているのではない。こちらも命の危険を感じるくらい、ネットで庶民から攻撃されているのだ。しかし、もう明確な事実として、**安い所は命が危険で、高い所はそうではない**、と決定してしまっている。

安くすれば人が来るからどんどん安くする。それまで行なっていたサービスもどんどん省いていく。結果、ルールやマナーがおざなりになる。こういう図式だ。

ゴルフで、きちんとしたマナーを守る人たちと一緒にプレーをするには、キャディ付きで二万円以上のゴルフ場か、今でも会員権が必要な名門コースに出ないとならない。お金持ちはそこで他のプレーヤーに迷惑をかけないように、紳士的にゴルフをしている。いや、そういった場所では、自然と紳士的にしなければいけない空気になるのだ。

お金持ちにもバカはいる。だが周りがきちんとしていたら、一人でバカはできない。しかし、庶民はとても大勢で、皆、一斉にバカをやってしまう。いや、庶民の人たちにも優秀な人はいっぱいいるのだ。そんなことは当たり前だ。そんな優秀な人でも、周りが傍若無人だったら、バカに染まってしまう。だから私は、「お金がないからといって、そんな場所には行かないように」と口を酸っぱくしていってきた。

「じゃあ、おまえも格安ゴルフ場に行くな」

というわけだが、もちろんそうしている。今回の話は、初心者の女性を連れて行くために、ネットで予約した格安ゴルフ体験である。

また、関東でいうなら、栃木県や群馬県になると、ゴルフ場の格式が高くても、東京から遠いから安くなっていて、そこにマナーを守らない人たちが来るようになった。


私の父親は、高度経済成長期の頃からずっとゴルフをしていた。

かつては高額なゴルフ会員権を持っていた。二〇年以上前に、父親が会員権を持っているゴルフ場に同伴したことがあるが、車で玄関に入る前に門番のような係員がいて、名前をチェックされたものだし、服装も厳しかった。

父は、前が遅れてもキャディと談笑していたり、ボールを洗っていたり、小屋で休憩したりしていた。何事もなかったし、グリーンの穴も丁寧に直していた。

しかし、いまの格安ゴルフ場を利用しているゴルファーたちは、前が遅れたらイライラして、ボールを打ち込んでくるか、完全にこちらを睨みつけている。

女性を同伴していると、女の子はトイレが長い。彼女たちも、「早くしないといけない」とわかっているから、街でのトイレよりも急いでくれる。それでも少し遅れる。それに後ろのゴルファーたちが怒るなんて、無神経も甚だしい。

また、ゴルフ場にも責任がある。お金を稼ぐために、一〇分ごとに次の組をスタートさせているから、前が詰まってしまうのだ。

お金のある世界に出向くために

私の知り合いに旅行代理店に勤めている人がいる。格安料金の高速バスで死者が出たが、バスガイドがいなくなったことでも、小さなトラブルが激増しているらしい。

競馬場もそうだ。指定席エリアは綺麗で、レース中に怒号も飛ばない。

無料のエリアは新聞紙が散乱していて、「武豊、死ね!」という罵声が飛んでいる。お金がない世界。格安の世界。有料にしなければいけないのに、なぜか無料の場所。

「無料」には、本当に人間のクズが集まってくる。

お金がない人たちは、なぜそんな神経になってしまうのか、私はそれも知っているが、私の命が危険になるので、これ以上は語らない。お金持ちを叩いても殺されないが、貧乏な人を叩くと殺されるのである。つまり……いや、もうよそう。

人間は、ある程度のお金を持てば、お金のある世界に必然的に出向く。そこでマナーや振る舞いを学ぶ。学びたくないバカでも、そうしないといけない空気に押されて、ちゃんとする。

ゴルフをしていて、私は本当に痛感した。

マナーを守らない人間は短気でバカだと。

私も少年時代から父親と一緒にゴルフをしていたから、ゴルフ歴はもう三〇年くらいになる。後ろの組からボールが飛んでくるなんて経験したことがなかったのに、最近は年に何回かそういうトラブルがある。旅行代理店の知人がいった。

「安全性を置き去りにして、命を賭けてまで安さを求める。そんな世の中に戸惑っている」と。

（了）

本書は、総合法令出版より刊行された単行本を、
文庫収録にあたり、再編集したものです。

里中李生（さとなか・りしょう）
本名・市場充。三重県生まれ。作家、エッセイスト。
仕事、お金、人間関係、恋愛、結婚など、様々な角度から、「男らしさ」「女らしさ」を根底とした自己啓発論を展開する。物事の本質をずばり突くその主義、主張、人生哲学は、男女問わず幅広い層から熱狂的な支持を得ている。
著書に『一流の男、二流の男』『「いい人」は成功者になれない！』（以上、三笠書房）、『男は一生、好きなことをやれ！』（三笠書房《知的生きかた文庫》）、『大切な人の心を離さない「かわいい女」63のルール』（三笠書房《王様文庫》）、『一流の男が絶対にしないこと』（総合法令出版）などがある。ベストセラー、ロングセラー多数。累計は260万部を超える。

知的生きかた文庫

男《おとこ》はお金《かね》が9割《わり》

著者　里中《さとなか》李《り》生《しょう》
発行者　押鐘太陽
発行所　株式会社三笠書房
〒一〇二-〇〇七二　東京都千代田区飯田橋三-三-一
電話〇三-五二二六-五七三四〈営業部〉
〇三-五二二六-五七三一〈編集部〉
http://www.mikasashobo.co.jp
印刷　誠宏印刷
製本　若林製本工場

ISBN978-4-8379-8532-7 C0130

C50252